INHALTSVERZEICHNIS

Inhaltsverzeichnis ... **3**

Warum Sie dieses Buch lesen sollten ... **5**

Bevor Sie beginnen ... 8

Achtung Kindersicherung ... **9**

Warum Kunden kaufen ... **14**

Wo Sie das Kundennutzen-Konzept unbedingt einsetzen sollten ... **18**

Vom Produktmerkmal zum Kundennutzen ... **21**

Die wesentlichen Bestandteile des Kundennutzen-Konzeptes ... 23

Die Kundenbedürfnisse ... *23*

Bedürfnisse von Unternehmen ... *59*

Die Produktmerkmale ... 61

Der Produktnutzen ... 66

Der Kundennutzen ... 69

Kundennutzen schafft Wert ... *70*

Verkaufsstarke Kundennutzen formulieren in 4 Schritten ... **73**

Schritt 1: Kundenbedürfnisse ermitteln ... 75

Bedürfnisanalyse im Marketing ... *76*

Bedürfnisanalyse im Verkauf 7
Kundenbedürfnisse an anderen Anhaltspunkten erkennen 8
Zusammenfassung Bedürfnisanlayse und -definition . 9

Schritt 2: Produktmerkmale auflisten 9

Schritt 3: Produktmerkmale in Produktnutzen übersetzen 9

Schritt 4: Kundennutzen-Aussagen formulieren 9
Beispiele für Kundennutzen-Argumente im Verkauf ... 9
Beispiele Kundennutzen-Argumente im Marketing 9
Zusammenfassung Kundennutzen-Formulierung 10
Spezialtipps für Kundennutzen-Formulierungen 10

Kundennutzen – 5 häufige Fehler 114
Fehler #1 – Die ICH-Formulierung 114
Fehler #2 – Zu abgedroschen 114
Fehler #3 – Unterstellungen und Suggestivfragen ... 11
Fehler #4 – Produktmerkmale statt Kundennutzen .. 11
Fehler #5 – Der Köder schmeckt dem Angler statt dem Fisch 11

Überprüfen Sie Ihre Texte 117

Orientierung am Kundennutzen als Gewohnheit 118

Über den Autor 120

NUTZEN VERKAUFEN, KUNDEN GEWINNEN

IN 4 SCHRITTEN ZUR ÜBERZEUGENDEN KOMMUNIKATION IN MARKETING UND VERTRIEB

ROMAN KMENTA

VoV media

Impressum

1. Auflage 2024

Umschlaggestaltung: Monika Stern / sternloscreative
Layout: VoV media
Illustration: VoV media
Lektorat/Korrektorat: VoV media
Bildrecht: Freepik hole-from-ball 73

Verlag: VoV media – www.voice-of-value.com

WARUM SIE DIESES BUCH LESEN SOLLTEN

Wahrscheinlich haben Sie dieses Buch bereits gekauft. In diesem Fall sollten Sie es ohnehin lesen. Es wäre schade, wenn Sie es nicht lesen. Es könnte aber auch sein, dass Sie sich vorerst nur eine Leseprobe geholt haben oder einfach ein wenig durchblättern. In diesem Fall möchte ich Ihnen in den nächsten paar Absätzen schlüssig erklären, warum Sie dieses Buch lesen sollten – unbedingt sogar.

Die Inhalte dieses Buches werden Ihnen in Ihren Verkaufsgesprächen sehr von Nutzen sein, aber auch Ihre Webseite, Ihre Newsletter und Posts, Ihre Angebote und Ihre Verkaufsmails deutlich wirkungsvoller und damit für Sie profitabler machen.

Das Thema des Buches, der Kundennutzen, ist ein dermaßen grundlegend wichtiges für Ihr Geschäft, dass es fast alle Bereiche Ihres Geschäftes durchdringt. Lassen Sie mich ein wenig näher erklären, was ich damit meine.

In diesem Buch erfahren Sie:

- **Was die entscheidenden Kundennutzen sind:**
  Was bewegt Menschen bzw. Unternehmen wirklich bei Ihnen zu kaufen? Vieles davon läuft vollkommen unbewusst ab. Das heißt, unbewusst für Ihre Kunden – Sie wissen es, nachdem Sie das Buch gelesen haben.

- **Wie Sie Webseitenbesucher zum Bleiben, Newsletterempfänger zum Lesen und Interessenten zum Kaufen bewegen:**
  Nicht allein, was Sie anbieten, ist entscheidend. Wie Sie es anbieten, in welche Argumente Sie Ihr Angebot verpacken und wie Sie es präsentieren, ist zumindest genauso wichtig. In diesem Buch erfahren Sie Schritt für Schritt, wie das geht.

- **Wie Sie mit Nutzenargumenten Ihr Angebot in den Augen des Kunden wertvoller machen:**
  Mit den richtigen Nutzenargumenten können Sie Ihr Angebot in den Augen des Kunden wertvoller machen. Und je wertvoller es für ihn ist, desto mehr ist er bereit, dafür zu bezahlen. Das bedeutet, dass die richtigen Nutzenargumente für Sie bares Geld wert sind.

- **Wie Sie Kundennutzen so formulieren, dass Sie mehr verkaufen und höhere Preise erzielen:**
  In diesem Buch gehe ich auch im Detail auf bestimmte Formulierungen ein, die eine beinahe magische Wirkung auf Kunden haben. Sie erhalten konkrete Beispiele für Nutzenformulierungen für verschiedene Branchen.

- **Wie Sie Produktmerkmale einfach und rasch in Nutzenargumente verwandeln:**
  Sie werden die Formel kennenlernen, die es Ihnen ganz einfach macht, Ihre Produktmerkmale rasch in treffende Nutzenformulierungen zu verwandeln, die Ihre Kunden zum Kaufen veranlassen.

- **Wie Sie mit Nutzenargumenten in Texten für Webseiten, Newsletter und Verkaufsgespräche die Conversion erhöhen:**
  Nicht nur in persönlichen Verkaufsgesprächen ist der Kundennutzen enorm wichtig. Auch auf allen anderen – schriftlichen bzw. digitalen Kanälen – erhöhen Sie mit den richtigen Worten und Formulierungen die Conversionrate deutlich und mehr Ihrer Interessenten werden zu Kunden.

- **Welche 5 häufigen Fehler bei Kundennutzenformulierungen Sie unbedingt vermeiden sollten:**
  Sie werden feststellen, dass Sie bisher den einen oder anderen Fehler gemacht haben. Fehler sind unvermeidlich, doch Sie können diese korrigieren, wenn Sie wissen, wo Sie suchen müssen. Das Resultat: deutlich bessere und überzeugendere Verkaufsgespräche, Verkaufsmails, Angebote und Webseiten.

Alles in allem ist es ein Buch, dessen Inhalte sich ganz rasch für Sie bzw. Ihr Business rechnen werden. Schon beim nächsten Kundengespräch oder beim nächsten Webseitenbesucher können Sie, wenn Sie die Inhalte des Buches anwenden, einen weiteren Kunden gewinnen. Selten haben ein paar Euro Investition eine dermaßen hohe Rendite abgeworfen.

Viel Spaß beim Lesen und viel Erfolg beim Umsetzen!

BEVOR SIE BEGINNEN

Bevor wir in das Thema dieses Buches einsteigen, noch ein Hinweis. Es gibt eine eigens für dieses Buch erstellte Ressourcenseite unter: https://www.romankmenta.com/bap-kundennutzen/.

Dort finden Sie:

- eine Sammlung aller Kundenbedürfnisse, die weiter vorne im Buch beschrieben wurden,
- ein Arbeitsblatt für den 4-Schritte-Prozess,
- Links zu vertiefenden Blogbeiträgen und Podcasts sowie
- ergänzende Bücher und andere Produkte.

Schauen Sie am besten jetzt gleich vorbei, holen Sie sich Ihre Checkliste und verschaffen Sie sich einen Überblick.

ACHTUNG KINDERSICHERUNG

Es war kurz vor Weihnachten. *„Wir brauchen einen neuen Herd!“*, sagte meine Frau mit einem bestimmten Unterton, der jedem Mann mit etwas Lebenserfahrung vollkommen klar macht, dass das OB nicht mehr zur Debatte steht, sondern nur das WELCHEN und VON WEM. Jetzt muss ich sagen, dass meine mentalen Konten, was Küchengeräte angeht, nicht besonders üppig gefüllt sind. Anders gesagt: Es gibt Dinge, für die ich viel lieber Geld ausgebe, als für Küchenherde.

Diese Tatsache möchte ich auch als Begründung dafür anführen, dass ich – trotz hochgradiger Aussichtslosigkeit – einen Versuch wagte, das OB doch infrage zu stellen. Als Pragmatiker, der ich manchmal sein kann, hatte ich nämlich gleich eine Alternative zum Neukauf parat.

Dazu muss ich kurz ausholen und das Problem etwas genauer beschreiben. Die Klappe des Backrohrs schloss nicht mehr ganz im 90-Grad-Winkel, sondern blieb ein kleines Stück offen. Das hinderte meine Frau – ihrer Meinung nach – daran, die Weihnachtskekse, von denen Sie traditionell 15 und mehr Sorten in allerbester Qualität bäckt, mit der angestrebten Perfektion zu backen. Nachdem ich auf die Kekse keinesfalls verzichten wollte, war ich durchaus bereit, an einer Lösung des Problems konstruktiv mitzuarbeiten.

Eine Reparatur kam bei dem Gerät, das ca. 25 Jahre alt war aus ökonomischen Überlegungen kaum in Frage. Da es in diesem Moment aber hauptsächlich um die Weihnachtskekse ging und die Backorgie sich auf einen überschaubaren Zeitraum von ein paar Tagen konzentrierte, dachte ich – in meiner genetisch bedingten männlichen Naivität in solchen Dingen – dass eine temporäre Lösung auch Abhilfe schaffen würde.

„Kein Problem, wenn du bäckst, stellen wir einfach einen Sessel vor die Klappe, dann bleibt sie zu“, lautete mein Vorschlag. Mir war schon klar, dass dieser auf wackligen Beinen stand, doch einen Versuch war es wert. Allemal – dachte ich zumindest. Dieser Versuch war meiner Frau allerdings nicht einmal eine verbale Antwort wert. Ein Blick genügte.

Also machten wir uns auf die Suche nach einem neuen Herd. Allein schon diese Suche und die damit verbundenen Schwierigkeiten, Geld auszugeben, würden ein halbes Buch füllen. Doch endlich stießen wir auf einen Verkäufer, der geschickter war. Auf die Frage nach einem passenden Herd meinte er, dass er uns das nicht einfach so sagen könne, ohne die Sache vor Ort gesehen und ausgemessen zu haben. Allein dadurch, dass er es aus seinem Laden in unsere Küche schaffte, stiegen seine Chancen enorm, ein Geschäft mit uns zu machen.

So kam er zum vereinbarten Termin mit dicken Katalogen und einem Maßband bewaffnet. Zu diesem Zeitpunkt hatte ich mich bereits mit voraussichtlichen Kosten in der Höhe von über 1.000 Euro abgefunden (wenngleich nicht angefreundet).

Schnell wurde mir klar, dass diese Art von Budget wohl nicht reichen würde. Wir bewegten uns rasch auf die 1.500 Euro zu.

Trotz der Aufforderung meiner Frau, mich doch auch zu ihr und dem Verkäufer an den Küchentisch zu setzen, blieb ich 2 Meter entfernt stehen. Ich wollte nicht zu viel Nähe aufkommen lassen, wissend, dass das den Preis noch rascher nach oben treiben könnte. So blieb ich distanziert und stieg als „Bad Cop" auf die Preisbremse.

Wir waren irgendwo bei einem Siemens-Herd um die 1.500 Euro angelangt, als der Verkäufer voller Stolz verkündete: *„Der hat übrigens auch eine Kindersicherung."* Ich wurde hellhörig. Wir hatten keine Kinder und die Wahrscheinlichkeit, dass sich dieser Umstand noch ändern würde, war angesichts der Tatsache, dass wir beide knapp über 50 waren, sehr gering. Außerdem behaupte ich, dass man es einem Haushalt sofort ansieht, wenn sich dort kleine Kinder tummeln – und erwachsene Kinder benötigen keine Kindersicherung.

Ich brauchte diese Kindersicherung also nicht. *„Wir haben keine Kinder. Können wir die weglassen?"*, fragte ich und witterte die Möglichkeit, den Preistrend nach unten umzukehren.

„Nein, das geht leider nicht", lautete die Antwort.

Das gefiel mir gar nicht. Das bedeutete, dass ich für etwas bezahlen sollte, das ich nicht wollte und nicht brauchte, und das, obwohl mein mentales Konto für Küchenherde bereits stark beansprucht war. *„Dann nehmen wir ein anderes Modell ohne Kindersicherung"*, forderte ich auf der Suche nach einer anderen Lösung.

„Die haben heutzutage alle eine Kindersicherung“, war die frustrierende Antwort. *„Aber wenn Sie einmal Besuch mit Kindern haben, dann ist die Kindersicherung gut.“*

„Ja, wir haben manchmal Besuch, selten mit Kindern und noch nie hat ein Kind an unserem Herd herumgespielt.“ Ich begann, in meiner Notlage auf stur zu schalten, doch der Verkäufer ließ nicht ab von seiner offensichtlichen Lieblingsausstattung der „Kindersicherung“. Er handelte ganz nach dem Motto: „Der Wurm muss dem Angler schmecken.“ Der Fisch – wir – schien ihm egal zu sein.

Warum erzähle ich diese Geschichte und vor allem, was hat sie mit dem Thema dieses Buches zu tun? Es ist ein typisches Beispiel dafür, wie kontraproduktiv das falsche Argument sein kann.

Das nicht unerhebliche, aber kleinere Problem war jenes, dass ich das Gefühl hatte, für etwas zu bezahlen, das ich weder brauchte noch wollte. Da wird bei einem Kunden natürlich der Wunsch, dieses Feature wegzulassen, stärker. Wenn das nicht geht, wie in unserem Fall, hinterlässt das zumindest einen unangenehmen Nachgeschmack.

Doch das war nicht das Schlimmste. Eine Freundin hatte kurz vorher mit 50 Jahren ihr erstes Kind bekommen. Jetzt hätte es durchaus sein können, dass bei einem Paar wie uns dieser Wunsch auch vorhanden gewesen wäre, doch trotz großer medizinischer Anstrengung nicht verwirklicht werden konnte. So ein unerfüllter Kinderwunsch könnte noch tief, sehr tief sitzen.

Und da kommt so ein Verkäufer von Küchenherden mit einer Vorliebe für Kindersicherungen, reißt diese Wunde auf und bohrt darin herum. Da könnte es durchaus passieren, dass die Frau des Hauses an dieser Stelle, am Küchentisch sitzend, mitten im Verkaufsgespräch zu weinen beginnt und sich das Verkaufsgespräch in Tränen auflöst.

Das war bei uns nicht der Fall – hätte aber bei einem Paar wie uns passieren können. Und warum? Wegen einer Kindersicherung.

Dabei ist eine Kindersicherung nicht prinzipiell schlecht. Wenn wir Kinder hätten und sich der Jüngste die Woche zuvor die Hand am Herd verbrannt hätte, wäre die Kindersicherung DAS Verkaufsargument schlechthin gewesen. Mehr hätte es fast nicht gebraucht. Das bedeutet, selbst das beste, tollste, innovativste Feature kann Kunden abschrecken, statt sie zum Kauf zu motivieren. Das richtige Argument für den richtigen Kunden zur richtigen Zeit.

Die Regel lautet, nur über das zu sprechen, was den Kunden interessiert – über das, worin er einen Nutzen sieht. Vielleicht sind das nur zwei oder drei wichtige Dinge. *„Und all die anderen tollen Features?“,* werden Sie vielleicht fragen? Totschweigen! Es könnten Kindersicherungen sein. Bei allen Produkten und Dienstleistungen gibt es Kindersicherungen. Auch bei Ihren. Jede Menge sogar, da bin ich sicher, auch wenn ich nicht so genau weiß, was Sie verkaufen.

Und der Herd? Was ist mit dem Herd? Sie können durchatmen. Wir haben ihn gekauft, trotz Kindersicherung. Und ärgern uns immer wieder darüber, dass diese fallweise eingeschaltet ist – wer weiß warum. Inzwischen haben wir zumindest gelernt, wie man sie ausschaltet.

WARUM KUNDEN KAUFEN

Warum kaufen Ihre Kunden etwas? Oder vielleicht anders gefragt: Warum kaufen Sie selbst etwas? Denn schließlich sind Sie ja auch Kunde – irgendwo. Manchmal, aber lange nicht immer, wägen wir zwar das Für und Wider einer Kaufentscheidung ab, bevor wir sie treffen, aber das bedeutet nicht, dass wir wissen, warum wir etwas kaufen oder uns dagegen entscheiden. Die Argumente, die wir dabei im Kopf kreisen lassen, sind nur das, was wir wahrnehmen, das Vordergründige, aber nicht die echten Gründe für unsere Kaufentscheidungen. Diese sitzen sehr viel tiefer und sind uns meist unbewusst.

Doch meistens denken wir gar nicht darüber nach, sondern treffen eine impulsive Entscheidung. Vor allem dann, wenn es nicht um sonderlich viel Geld geht. Wir entscheiden dann „emotional", würden manche sagen. Doch das ist weit gefehlt. Wir entscheiden IMMER emotional, behaupte ich, und stecken dann unsere emotionalen Entscheidungen nur in rationale Mäntelchen. Schließlich müssen wir diese rechtfertigen, manchmal vor anderen, aber vor allem immer auch vor uns selbst. Und für diese Rechtfertigungen eignet sich die Vernunft sehr viel besser als Emotionen. Sie gibt uns ein besseres Gefühl, das Gefühl, die Dinge im Griff und unter Kontrolle zu haben.

Wie treffen wir nun Kaufentscheidungen? Wir wägen unbewusst zwei Dinge gegeneinander ab – den Preis und den Wert. Wenn der Wert höher ist als der Preis, dann kaufen wir – und zwar egal, wie hoch der Preis ist. Übersteigt der Preis den Wert, dann kaufen wir nicht. So einfach ist das, aber eben nur im Prinzip.

Der Preis ist ja noch einigermaßen gut greifbar. Eine Zahl auf einem Stück Papier oder einem elektronischen Dokument im einfachsten Fall. Doch der Preis muss nicht immer (nur) in Geld bemessen sein. Wir bezahlen oft auch mit unserer Zeit und Zugeständnissen, die wir machen, oder auch damit, dass wir auf etwas anderes verzichten. Man könnte daher auch ganz einfach sagen: Wir kaufen, wenn wir für uns mehr Vorteile als Nachteile – dazu zählt auch das Geld, von dem wir uns trennen müssen – sehen.

Beim Wert ist die Sache schon sehr viel komplexer. Er wird von sehr vielen Faktoren beeinflusst – Dutzende, Hunderte, Tausende – je nach Kaufsituation. Manche davon sind wichtiger für den einen Kunden und weniger wichtig für die anderen. Anders als beim Preis steht der Wert selten auf einem Dokument oder Schild – wenngleich manche geschickten Verkäufer und Marketer versuchen, ihn manchmal auf diese Weise sichtbar zu machen. Doch im Grunde gibt es nur einen Ort, an dem der Wert entsteht: zwischen den Ohren, im Kopf Ihres Kunden und natürlich auch Ihrem eigenen. Der Nachteil dabei ist, dass wir ihn dort nicht so einfach ablesen können. Wissenschaftler machen das bisweilen im Rahmen preispsychologischer Studien und schieben ihre Probanden in MRT-Röhren, während sie sie diese Kaufentscheidungen treffen lassen. Auf dem Bildschirm sehen sie dann, was bei Preisentscheidungen im Kopf der Testperson abläuft. Diese

Vorgehensweise ist für Verkäufer mangels mobiler MRT Geräte, die sich in Verkaufsgesprächen etwa dem Kunde überstülpen lassen, leider noch nicht zugänglich – ode wahlweise auch zum Glück.

Und all diese vielen Faktoren, die den Wert beeinflussen un definieren, zahlen letztlich auf das ein, worum es in diesem Bucl geht: auf den Kundennutzen. Ob der Kunde kauft oder nicht hängt vor allem davon ab, ob Sie es mit Ihrem Angebot schaffen die ganz individuellen Bedürfnisse Ihres Kunden mit einen ebenso individuellen Kundennutzen zufriedenzustellen.

Und genau das werden Sie in diesem Buch anhand vo Methoden lernen, die Sie Schritt für Schritt ans Ziel bringe und gleichzeitig viele Möglichkeiten bieten, kreativ zu sei und Ihre Ideen einzubringen.

Der Kundennutzen ist deshalb so ein unglaublich wirksame Hebel, weil er im Unterbewusstsein ansetzt. Die eigene wichtigsten Bedürfnisse, auf deren Basis Sie Entscheidunge treffen, sind, wie erwähnt, den meisten nicht bekannt – auße denjenigen, die sich intensiv damit auseinandergesetzt und z B. dieses Buch gelesen haben. Etwas, das uns nicht bewuss ist, können wir nicht blockieren. Die „Zugbrücke" is heruntergelassen und jeder gute Verkäufer kann ungehinder über den Burggraben und durch die Mauer spazieren un direkt in unser Entscheidungszentrum vorstoßen. De rationale Filter wird auf diese Art und Weise ausgeschalte bzw. umgangen.

Verpackt in die richtigen Formulierungen und Worte kommunizieren Sie so direkt mit dem Unterbewusstsein des

Kunden, was natürlich sehr viel wirksamer und überzeugender ist.

Es geht nicht nur um Argumente für Ihr Angebot. Argumente verpuffen oft wirkungslos. Entscheidend ist vielmehr, dass es die richtigen Argumente sind. Und diese können Sie nutzen, wenn Sie die Bedürfnisse Ihres Kunden kennen und sie in Form von individuellen Nutzenargumenten gezielt ansprechen.

Sie werden in den nächsten Kapiteln beides lernen: wie Sie geschickt die wirklich tief sitzenden Bedürfnisse herausfinden und wie Sie diese dann so ansprechen, dass Sie die Lust zu kaufen beim Kunden verstärken.

WO SIE DAS KUNDENNUTZEN-KONZEPT UNBEDINGT EINSETZEN SOLLTEN

Die Frage sollte eigentlich nicht lauten: „Wo können Sie das Kundennutzen-Konzept einsetzen?“, sondern vielmehr: „Wo nicht?“. Bei genauerer Betrachtung gibt es keinen Bereich, in dem Sie Kontakt mit Ihren Kunden haben, in dem es keinen Sinn ergeben würde, über den Nutzen für den Kunden und die darauf abgestimmte Kommunikation nachzudenken.

Klassische Einsatzgebiete, für die Sie im Buch viele Tipps und Beispiele finden, sind die folgenden:

Im Verkauf

- im direkten persönlichen Verkaufsgespräch
- speziell auch in Preisgesprächen, da es hier besonders wichtig sein kann, den Wert zu erhöhen, um einen höheren Preis zu erzielen
- bei Kundentelefonaten
- für die Formulierung von schriftlichen Angeboten
- im Rahmen von Reklamationen und Beschwerden

Im Marketing

- bei Überschriften und Texten für Ihre Webseite

- im Rahmen von Social-Media-Posts
- für Texte in bezahlter Werbung auf Facebook, Google oder anderen digitalen Medien
- natürlich auch in der klassischen offline Werbung in Zeitungen, Magazinen und Plakaten
- für Werbespots im Radio
- für Intros von Podcasts
- für Covertexte und Beschreibungen von Büchern
- in Online-Shops ganz generell
- für Produktbeschreibungen in Online-Shops
- für Newslettertexte, aber auch in klassischen Werbebriefen
- ganz besonders wichtig ist der Kundennutzen auf Landingpages und Verkaufsseiten
- für die Produktentwicklung, indem Sie ganz gezielt Produkte entwickeln, um damit verbreitete Kundenbedürfnisse zu befriedigen

Sie sehen also, der Kundennutzen und die darauf abgestimmte Nutzenargumentation spielen schlichtweg überall im Verkauf und Marketing eine wesentliche und grundlegende Rolle.

Noch größer wird das Anwendungsgebiet der Inhalte dieses Buches, wenn Sie den Begriff „Kunde“ weiter fassen. Kunden können im weiteren Sinn nicht nur jene sein, die bei Ihnen ein Produkt oder eine Dienstleistung kaufen, sondern auch etwa:

- Stellenbewerber und künftige Mitarbeiter,

- die Öffentlichkeit in Ihrem Einzugsgebiet (das kann ein Ort, ein Land oder auch die ganze Welt sein),
- die eigenen Mitarbeiter,
- Ihre Vorgesetzten,
- Ihre Lieferanten und
- Ihre Shareholder (z. B. Anteilseigner).

Das Konzept ist, nebenbei gesagt, natürlich auch im privaten Bereich sehr gut einsetzbar. Diesen möchte ich hier allerdings – da es ein Business-Buch ist – ganz bewusst ausklammern. Doch ich bin davon überzeugt, dass Sie die Strategien aus dem Buch selbst sehr gut auf private Anwendungsbereiche übertragen können.

Überall dort, wo Sie jemanden von etwas überzeugen wollen, ist es schließlich wichtig, das mit Argumenten zu tun, die die Bedürfnisse Ihres Gegenübers ansprechen. Alles andere sind Argumente, die ins Leere laufen und nicht nur nichts bewirken, sondern, wie wir sehen werden, sogar kontraproduktiv bis hochgradig schädlich sein können – so wie Kindersicherungen in manchen Situationen.

VOM PRODUKTMERKMAL ZUM KUNDENNUTZEN

Der Titel dieses Kapitels könnte auch lauten: vom Kundenbedürfnis zum Produktmerkmal. Es kommt nämlich ganz darauf an, in welcher Situation Sie sich befinden. Lassen Sie mich das näher erläutern.

Situation 1: Bestehendes Produkt bzw. bestehende Dienstleistung

In den meisten Fällen ist es so, dass jemand ein Produkt bzw. eine Dienstleistung hat, die er noch erfolgreicher verkaufen möchte. Es könnte auch sein, dass es sich um ein neues Produkt handelt, mit dessen Verkauf gerade erst begonnen werden soll. Die Frage, die sich hier stellt, ist: Mit welchen Argumenten geht das am besten?

In dem Fall ist der Gedankengang, vom Produkt und seinen Merkmalen ausgehend, der richtige und zielführende. Nachdem das wahrscheinlich auch die meisten Leser betrifft, ist es auch die Richtung, die ich in diesem Kapitel eingeschlagen habe.

Situation 2: Neues, noch nicht entwickeltes Produkt bzw. neue Dienstleistung

Die andere Ausgangssituation ist jene, in der Sie vielleicht noch kein Produkt haben bzw. eine neue Leistung für Ihre Zielgruppe definieren und anbieten wollen. Diese ist die im

Grunde sehr viel bessere, da Sie hier die Möglichkeit haben, sich von Beginn an an den Kundenbedürfnissen zu orientieren.

Die grundlegende Frage in diesem Zusammenhang lautet: *„Meine Kunden haben ein Bedürfnis nach X. Welches Produkt bzw. welche Dienstleistung kann ich anbieten, um dieses Bedürfnis zufriedenzustellen bzw. dieses Problem zu lösen? Welche Eigenschaften müsste ein solches Produkt besitzen?"*

Sie sehen also, das ist der genau umgekehrte Weg. Das ist jener, den Sie beschreiten sollten, wenn Sie ein neues Produkt oder eine neue Dienstleistung entwickeln. Der Fehler, den allerdings sehr viele machen – und den ich auch schon gemacht habe – ist zuerst das Produkt oder die Leistung zu definieren und dann zu überlegen, wie sie dieses oder diese verkaufen können.

Und ja, auch das funktioniert, wenngleich es eigentlich bedeutet, das Pferd von hinten aufzuzäumen. Doch nachdem genau das, wie erwähnt, die Situation ist, in der sich die meisten Leser vermutlich befinden, werden wir uns im Rahmen dieses Buches intensiv damit beschäftigen.

Verstehen Sie die beschriebene Vorgehensweise für Situation 2 als hilfreiche Anregung, wenn Sie über Produkte und Leistungen nachdenken. Dabei sollte idealerweise immer der Nutzen für die Zielkunden der Ausgangspunkt für die Entwicklung Ihres Angebotes sein. Je früher Sie das Kundennutzenkonzept in Ihren Vertriebs- und Marketingprozessen einsetzen, desto stärker ist seine Wirkung und umso leichter tun Sie sich, Ihre Produkte und Leistungen erfolgreich an den Mann oder die Frau zu bringen.

DIE WESENTLICHEN BESTANDTEILE DES KUNDENNUTZEN-KONZEPTES

Bevor wir zu der konkreten Strategie und Vorgehensweise kommen, mit der Sie punktgenaue Nutzenargumente für Ihre Zielkunden formulieren werden, müssen wir uns zuerst mit den wesentlichen, den grundlegenden Begriffen beschäftigen.

Die Unterscheidung der Begriffe

- Kundenbedürfnisse,
- Produktmerkmale,
- Produktnutzen und
- Kundennutzen

ist grundlegend wichtig für Ihr Marketing und Ihre Nutzenargumentation im Verkauf. Was bedeuten diese Begriffe und was steckt dahinter?

Kundenbedürfnisse sind die Basis für die Kundennutzen-Strategie und somit für das ganze Buch. Daher werden wir uns im folgenden Abschnitt als Erstes damit intensiv auseinandersetzen.

Die Kundenbedürfnisse

Kundenbedürfnisse basieren auf menschlichen Bedürfnissen – kein Wunder, noch sind alle Kunden primär Menschen bzw.

Gruppen von Menschen. Bei den Kundenbedürfnissen kommen wir gleich direkt zum Kern von Kaufentscheidungen. Oft werden diese auch als Kaufmotive bezeichnet. Die folgenden menschlichen Bedürfnisse bzw. Kundenbedürfnisse sind nichts, was es nur im Verkauf bzw. im Marketing gibt. Vielmehr handelt es sich um grundlegende Dinge, die Menschen in allen Lebenslagen dazu veranlassen, etwas zu tun oder etwas nicht zu tun. Kaufentscheidungen sind dabei nur der eine, sehr kleine Teilbereich, den wir uns im Rahmen dieses Buches ansehen.

Wenn man in Bezug auf menschliche Grundbedürfnisse ein wenig recherchiert, findet man eine Reihe unterschiedlicher Systematiken und Auflistungen. Die meisten überschneiden sich in größeren Bereichen. Manche kommen mit ein paar wenigen Grundbedürfnissen aus – 5 oder 6 – andere haben eine längere Liste.

Das bekannteste Konzept ist wahrscheinlich die Bedürfnispyramide von Maslow. Sollten Sie diese nicht kennen, können Sie sie zwecks Interesse googeln. Für dieses Buch habe ich allerdings einen anderen, pragmatischeren Ansatz gewählt und aus den verschiedensten Systematiken von Bedürfnissen bzw. Motiven einfach jene ausgewählt, die nur für den praktischen Einsatz im Zusammenhang mit Kaufentscheidungen am nützlichsten erscheinen und daraus eine Liste erstellt.

Die Liste dieser Kaufmotive erhebt keinen Anspruch auf Vollständigkeit. Auch sind die Motive nicht überschneidungsfrei. Manche stehen sich sehr nahe – Anerkennung und Fortschritt etwa, da Fortschritt in gewissen Bereichen auch zu mehr Anerkennung führen kann. Die Stärke der Ausprägung der einzelnen Motive kann und wird von Person zu Person unterschiedlich sein, wenngleich ich behaupte, dass etwas von all diesen Motiven in uns allen steckt, bisweilen vielleicht auch noch unentdeckt schlummert.

Bevor wir uns die Liste ansehen und uns ausführlich mit den einzelnen Kaufmotiven und menschlichen Bedürfnissen beschäftigen, möchte ich nochmals klarstellen, wofür das überhaupt wichtig ist.

Es geht dabei um zwei konkrete Punkte:

- 1. Motive / Bedürfnisse erkennen und
- 2. Motive / Bedürfnisse ansprechen.

1. Motive / Bedürfnisse erkennen

Im ersten Schritt geht es vor allem darum, die häufigsten oder wichtigsten Bedürfnisse Ihres Kunden bzw. Ihrer Zielgruppe zu erkennen.

Sie werden bei jedem Bedürfnis etliche Anhaltspunkte finden, an denen Sie festmachen können, ob das jeweilige Bedürfnis stärker ausgeprägt ist. Dabei kann es sich um Folgendes handeln:

- Dinge, die diese Zielgruppe häufig kauft, besitzt oder benutzt,
- Menschen, mit denen sich die jeweiligen Personen gerne umgeben,
- Orte, an denen man sich als jemand, der das jeweilige Bedürfnis stärker ausgeprägt hat, eher und lieber aufhält,
- Aktivitäten, die häufiger und bevorzugt ausgeübt werden,

- die Art und Weise, wie jemand spricht und welche Worte er dabei bevorzugt verwendet und
- Verhaltensweisen, die bei der Zielgruppe stärker ausgeprägt sind.

All das sind Indizien und keine fixen Regeln. Nicht jeder, der ein Luxusauto fährt, hat ein gesteigertes Bedürfnis nach Anerkennung, aber es ist ein starker Hinweis darauf. Der Fehler, den wir in diesem Zusammenhang häufig machen, ist jener zu (vor)schnell von einem (einzigen) Indiz auf den Menschen in seiner Gesamtheit zu schließen. Wenn jemand gerne das Fahrrad statt des Autos benutzt, dann kann das unterschiedliche Gründe haben. Es könnte ihm wichtig sein, etwas für die Umwelt zu tun, oder aber für seine Gesundheit. Das Fahrradfahren könnte aber auch seinem Geltungsbedürfnis entspringen, denn wenn er schlanker ist, dann ist er wahrscheinlich auch attraktiver. Sie sehen, das Fahrradfahren alleine sagt noch wenig aus.

Sammeln Sie daher zuerst nur Indizien und wägen Sie diese dann ab, um sich daraus eine Meinung zu bilden und eine Zuordnung der Bedürfnisse zu treffen, wenn Sie ausreichend viele solcher Indizien gesammelt haben. Manchmal ist das Bild ein sehr klares, manchmal weniger eindeutig.

Ein Warnhinweis

Ob Sie ein bestimmtes Bedürfnis bzw. Kaufmotiv für erstrebenswert oder moralisch in Ordnung halten oder aber meinen, dass es oberflächlich ist (wie zum Beispiel jenes nach Anerkennung und Prestige), etwas aufgrund dieses Bedürfnisses zu kaufen, ist im Übrigen vollkommen egal. Es geht nicht um Sie, sondern ausschließlich um Ihren Kunden.

Der Köder muss wie gesagt dem Fisch schmecken – gerade auch wenn es um Kaufmotive geht. Es wird oft der Fehler gemacht, dass wir unsere eigenen Kaufmotive auch für die Kunden als Entscheidungsgrundlage unterstellen. Das ist natürlich in sehr vielen Fällen eine falsche Annahme. Die Regeln lauten daher:

- Der Kunde darf seine eigenen Bedürfnisse und Kaufmotive haben, egal ob Sie diese als Verkäufer auch haben oder gut finden.

- Unterstellen, annehmen und raten von Bedürfnissen ist eine sehr fehleranfällige Vorgehensweise. Wir werden uns später noch sehr viel bessere Methoden ansehen.

2. Motive / Bedürfnisse ansprechen

Im zweiten Schritt können Sie genau diese besonders wichtigen Bedürfnisse dann direkt oder indirekt ansprechen. Das führt dazu, dass sich Ihre Kunden verstanden und in ihrer Welt abgeholt fühlen. Dadurch wird Ihre Kommunikation deutlich überzeugender und Ihre Argumente werden viel öfter genau ins Schwarze treffen und auf fruchtbaren Boden fallen.

Wie Sie das optimal machen und für sich und Ihr Business nutzen können, werden wir uns in den nachfolgenden Kapiteln des Buches sehr genau ansehen. Zuerst geht es darum, welche Bedürfnisse und somit Kaufmotive es sind, die uns alle und damit auch Ihre Kunden antreiben und die Sie erkennen und dann adressieren können.

1. Anerkennung und Prestige

Anerkennung ist ein sehr mächtiges Motiv und hat z. B. in der Marken- und Luxuswelt eine sehr große Bedeutung. Menschen kaufen Produkte oder auch Leistungen, um damit zu zeigen, dass sie wichtig sind, um ihren Status zu verstärken und dazuzugehören. Ohne dieses Kaufmotiv würden viele der Luxuslabels, aber auch viele der „normalen" Markenprodukte deutlich weniger verkaufen.

Alles, was dazu beiträgt, Ihre Kunden wichtiger erscheinen zu lassen und somit ihr Prestige und die Anerkennung steigert, die sie von anderen erhalten, trägt dazu bei, dieses Kundenbedürfnis zufriedenzustellen. Dabei können Sie dieses Motiv nicht nur direkt, sondern auch indirekt ansprechen. Attraktivität ist letztlich etwas, das auch auf dieses Kaufmotiv einzahlt. Wenn uns etwas schöner macht, dann werden wir dadurch mehr Anerkennung – bisweilen in Form von Neid – von unserem Umfeld erhalten.

Die Frage ist also: Welche Aspekte Ihrer Produkte und Dienstleistungen sprechen dieses Bedürfnis an? Dabei muss es nicht immer vordergründig sein. Typischerweise, aber nicht zwingend, sind es folgende Produkt- und Leistungsmerkmale, die gut zu diesem Bedürfnis passen:

- hohe Preise,
- lange Lieferzeiten (die beabsichtigt sind und nicht jene, die aus Überforderung oder schlechter Planung entstehen),
- besonders schönes, exklusives, modernes Design,
- Farben: Schwarz, Gold, Silber,

- prominente Kunden des Produktes,
- limitierte Mengen,
- besonders gute Verarbeitungsqualität und edle, hochwertige Materialien,
- limitierte Zugänge für Kunden,
    - nur auf Empfehlung
    - nur ab Einkommen X (wie z. B. bei manchen Kreditkarten)
    - nur für Mitglieder einer bestimmten, exklusiven Gruppe
- Wirkung,
    - lässt jünger aussehen
    - macht schöner
    - macht schlanker
    - lässt mächtiger und einflussreicher wirken
    - lässt sexuell potenter und attraktiver wirken
- verschafft einen Vorsprung gegenüber anderen.

Wenn Ihr Angebot eines oder mehrere dieser Merkmale aufweist, dann sind Prestige und Anerkennung ein Bedürfnis, das Sie wahrscheinlich bei vielen Ihrer (potenziellen) Kunden gut und erfolgreich ansprechen können.

Gerade um dieses Bedürfnis zu befriedigen, sind Kunden dazu bereit, überdimensional viel Geld auszugeben. Es gibt Menschen, die viel Geld in ihre Luxusmarkenkleidung stecken, dabei aber in einer sehr kleinen Wohnung leben. Warum? Zu Hause besucht sie nie jemand, aber ihre Kleidung wird in der Öffentlich wahrgenommen und steigert ihr Ansehen. Die Summen, die für die Befriedigung dieses Bedürfnisses ausgegeben werden, übersteigen oft jedes vernünftige Maß. Doch für diejenigen, die es betrifft, ist das gar nicht so unvernünftig wie für manche außenstehenden Betrachter.

Solche Menschen, bei denen dieses Bedürfnis stark ausgeprägt ist, sind relativ leicht zu erkennen. Sie umgeben sich gerne mit Luxus und mit den Insignien der Macht. Das können je nach Interessenschwerpunkt Luxuslabels auf Kleidungsstücken, Luxusautos oder Büros in bester Lage sein. Bestimmte Hobbys, die von Prestige umgeben bzw. teuer sind – wie z. B. eine Golfmitgliedschaft in einem sehr guten und somit teuren Club – sind bei ihnen möglicherweise beliebt. Aber auch Fotos, die sie gemeinsam mit Prominenten oder am Pool im 5-Sterne-Hotel zeigen, sind ein Indiz dafür, dass das Bedürfnis nach Anerkennung stärker ausgeprägt ist.

Dabei ist es irrelevant, wie viel diese Art von Kunden tatsächlich besitzen oder verdienen. Oft sind es gerade Menschen mit geringem Einkommen, die den starken Drang nach mehr Prestige und Anerkennung verspüren. Das Luxusprodukt oder die besondere Dienstleistung sind dann das Mittel zum Zweck, um diese Anerkennung zu bekommen. Oft wird an vielen Ecken gespart oder es werden Konsumkredite aufgenommen, um sich Dinge zu leisten, die dieses sehr starke Bedürfnis zufriedenstellen. Finanziell und weitblickend betrachtet ist das vielleicht nicht sehr schlau, doch auch das hat Sie als Verkäufer nicht zu kümmern, solange sichergestellt ist, dass Sie Ihr Geld auch erhalten. Ihre Kunden sind erwachsen und sie dürfen bzw. müssen über ihre Ausgaben selbst bestimmen.

Selbst im B2B-Verkauf darf dieses Bedürfnis nicht außer Acht gelassen werden. Verabschieden Sie sich bitte von der Vorstellung, dass Prestige und Anerkennung für Kunden, die zum Beispiel Maschinen für ihr Unternehmen kaufen, keine sehr starken Motive sein können. Der Homo Economicus, der Kunde, der all seine Entscheidungen sehr genau abwiegt und dann nur aufgrund wirtschaftlicher Sinnhaftigkeit trifft, ist lange schon Geschichte (bzw. hat es ihn nie gegeben). So werden – wie ich von Kunden weiß, die Landmaschinen verkaufen – z. B. Traktoren häufig an Bauern verkauft, für die ein deutlich kleineres, leistungsschwächeres Modell auch reichen würde. Warum geben sie mehr Geld für den größeren Traktor aus? Damit er auch sicher größer ist als der des Nachbarn!

2. Persönliche Entwicklung und Wachstum

Die nächste starke Triebfeder vieler Menschen ist jene nach Wachstum und Fortschritt in seinen unterschiedlichen Ausprägungen. Dabei geht es darum, sich persönlich, sein Denken und seine Fähigkeiten weiterzuentwickeln. Ob das nun bedeutet, eine Sprache noch besser zu lernen, sein Handicap im Golf weiter zu senken, den Marathon endlich unter 3:30 Minuten zu laufen oder seine Kochkünste auf Hauben- bzw. Sterne-Niveau zu befördern, ist egal und hängt von den Vorlieben der einzelnen Person ab. Das grundlegende Motiv, das Menschen zu diesen Verhaltensweisen treibt, ist immer dasselbe: der starke Wunsch, vorwärtszukommen und sich zu entwickeln.

Und solche Menschen bzw. Kunden arbeiten beständig und mit sehr viel Energie daran, besser zu werden, um so ihre Ziele schneller zu erreichen. Sie sind auch dazu bereit, sehr viel Geld dafür auszugeben. Solche Menschen lesen mehr Bücher zu den Themen, in denen sie sich weiterentwickeln wollen und besuchen diesbezüglich Seminare – und nicht nur die, die vom Arbeitgeber verordnet werden. Oft machen sie sogar weiterführende Ausbildungen in manchen Bereichen und das immer wieder. Ich kenne Menschen, bei denen dieses Bedürfnis so stark ausgeprägt ist, dass man das durchaus als Sucht bezeichnen könnte.

Beim Wachstum kann es sich im Business-Bereich aber auch um Umsatzwachstum, Einkommenssteigerungen oder immer mehr Kunden handeln. Im geschäftlichen Bereich ist dieses Bedürfnis so stark verankert, dass ich es als Dogma bezeichnen würde, etwas, das unverrückbar, nicht diskutierbar und in Stein gemeißelt ist.

Die gesamte westliche Gesellschaft – und die östliche inzwischen ebenso – und unser Wirtschaftssystem funktionieren auf Basis des Wachstumdenkens. Stillstand ist Rückschritt und ein Rückschritt ist eine Katastrophe. Es ist nur eine Richtung denkbar: mehr und besser. Kunden, bei denen dieses Motiv stark ausgeprägt ist, können Sie mit Produkten und Leistungen überzeugen, die dieses mehr und besser versprechen.

3. Technischer Fortschritt und Neues

Eine spezielle Variante der Entwicklung und des Vorankommens, die sehr eng mit dem Bedürfnis nach Anerkennung und Prestige verknüpft und davon schwer zu trennen ist, ist das Streben nach den technisch neuesten und fortschrittlichsten Produkten und Dienstleistungen.

In dieser Ausprägung bringt dieses Motiv manche Menschen – und das sind gar nicht so wenige – dazu, sich eine Nacht lang anzustellen, um das neue iPhone als einer der ersten zu besitzen und deutlich mehr für ein Produkt zu bezahlen, obwohl sie wissen, dass sie es ein paar Monate später deutlich günstiger erhalten können.

Menschen, bei denen dieses Bedürfnis sehr stark ausgeprägt ist, lieben es, immer das Neueste zu haben bzw. zu nutzen. Sie sind die Erstkäufer – Early Adopters, wie sie im Marketing auch gerne bezeichnet werden – gerade wenn es um technische Neuerungen geht. Dass das alte iPhone noch sehr gute Dienste leistet, ist egal. Es muss das Neueste sein.

Nicht nur, aber speziell wenn es um technische Produkte geht, ist das Bedürfnis nach Fortschritt sehr verbreitet und sehr gut adressierbar. Autos, Computer, Fernseher und Smartphones sind da die Klassiker. Es können aber auch die neuesten, noch leistungsfähigeren Bohrmaschinen sein, die Heizungsanlage, die von überall aus über das Smartphone steuerbar ist, das neue Handtaschenmodell der Saison von Prada oder das Rennrad, das nochmal 350 Gramm weniger wiegt. Wenn es ein neues soziales Medium gibt, dann ist man einer der ersten, der dort ein Profil anlegt.

Neue Technologien werden bei diesen Kunden rascher aufgenommen – das Elektroauto zum Beispiel. Aber auch neue Vorgehensweisen werden früh getestet und ausprobiert – sei es nun das kontaktlose Bezahlen oder die Kommunikation über Chatbots auf den Sozialen Medien. Oft sind es aber auch die neuesten Gadgets, die man zwar nicht braucht, aber aus diesem Motiv heraus haben will. Audi spricht dieses Bedürfnis mit seinem Slogan „Vorsprung durch Technik" punktgenau an.

Wie auch beim Bedürfnis nach Anerkennung werden all diese Dinge und Aktivitäten Menschen, bei denen das Bedürfnis nach Neuem und Fortschritt stark ausgeprägt ist, potenziell ansprechen und dazu bewegen, leichter Geld auszugeben.

4. Kosten sparen

Nicht nur für Unternehmen ist Kosten sparen ein wichtiges Thema. Auch im privaten Bereich kann das ein starkes Bedürfnis sein, das als Kaufmotiv viel Umsatz bringt. So seltsam es klingt, aber viele Menschen kaufen sehr viel mehr als sie eigentlich benötigen, um – manchmal nur scheinbar – Kosten zu sparen.

Dabei hat dieses Thema für Endverbraucher vor allem zwei grundlegende Ausprägungen. Bei dem einen geht es darum, bei Dingen oder Leistungen Kosten zu sparen, die ohnehin konsumiert werden bzw. konsumiert werden „müssen". Strom, Sprit, Heizung oder auch Mieten fallen in diese Kategorie. Steuern sind ebenso ein Beispiel dafür, ein sehr wichtiges sogar – für Privatpersonen und vor allem auch für Unternehmen.

Der zweite Bereich, mit dem Sie Konsumenten zum Thema Kosten sparen sehr gut ansprechen und erreichen können, sind Kosten für all jene Dinge und Leistungen, die man zwar nicht braucht, aber haben will. Die allgegenwärtigen Schnäppchen sind das Paradebeispiel dafür und die klassischen Schnäppchenjäger fallen in diese Kategorie.

Doch auch wenn Sie Unternehmen als Zielgruppe haben, ist Kosten sparen ein sehr wichtiges Motiv. Personalkosten, Produktionskosten, Vertriebskosten – in Unternehmen gibt es eine Vielzahl von Kostenstellen, die alle danach trachten, reduziert und optimiert zu werden.

Menschen, die von diesem Bedürfnis besonders stark motiviert werden, sind oft die Sparefrohs in ihrem Umfeld. Weniger oder überhaupt wenig Geld ausgeben ist etwas, womit sie sich täglich beschäftigen. Teilweise kann das aus einer wirtschaftlichen Notwendigkeit heraus geschehen, weil beispielsweise nicht so viel Geld vorhanden ist. Manchmal ist es aber auch ein Sport und wird gemacht, obwohl man es sich leisten könnte, mehr auszugeben. Oft findet man dieses Bedürfnis auch in Kombination mit einer starken Orientierung hin zu Details vor. In diesem Fall geht es beim Sparen nicht nur um Euros, sondern auch um Cents.

Menschen, bei denen dieses Bedürfnis stark ausgeprägt ist, werden etwa im persönlichen Verkaufsgespräch schon recht früh und sehr direkt über das Thema Preis sprechen. Sie werden wahrscheinlich mehr, öfter und härter über den Preis verhandeln und Preise vergleichen. Dabei wird manchmal – groteskerweise – der Preis wichtiger als die Leistung. Was man dafür bekommt, die Qualität, die man erhält, wird vom niedrigen Preis als Kaufmotiv in den Hintergrund gedrängt.

Besonders Menschen, die die Leistung selbst nicht wirklich gut beurteilen können, orientieren sich dann verstärkt an den Kosten und daran, diese zu reduzieren. Vielen Einkäufern wird dieses Verhalten von Verkäufern unterstellt. Der Kunde aus dem Fachbereich sucht die technisch passendste Lösung aus und der Einkäufer, der von der Technik oft wenig oder keine Ahnung hat, drückt die Kosten so gut es geht.

Im Extremfall kann das auch bedeuten, dass man sich vor allem an der Ersparnis (in absoluten Beträgen oder auch in Prozenten) orientiert und gar nicht mehr so sehr am eigentlichen Preis. *„Was es kostet, ist egal, Hauptsache ich erhalte einen Rabatt“,* könnte man beinahe unterstellen, so seltsam das auch klingt.

Alle Arten von Preisaktionen und Discount-Angeboten sind Wasser auf die Mühlen der Kostensparer. Sie sind oft auch bereit, mehr Geld auszugeben, um pro Stück einen niedrigeren Preis zu erzielen. Im sehenswerten Loriot-Klassiker „Papa ante portas“ wird eine Führungskraft, der Prototyp eines Kostensparers, verfrüht in Rente geschickt, weil er es mit dem Kostensparen übertrieben und Berge von Druckerpapier gekauft hatte, von dem das Unternehmen vermutlich über Jahre hinweg zehren konnte. Danach lebt er sein Bedürfnis, Kosten zu sparen, im privaten Umfeld ungehemmt aus, sehr zum Leidwesen seiner Familie.

5. Gewinn erzielen

Man könnte meinen, Gewinn erzielen sei dasselbe Motiv wie Kosten sparen, da das Resultat ja dasselbe ist. Reduzierte Kosten führen schließlich zu höheren Gewinnen. Doch das muss nicht so sein, schließlich haben sich auch schon viele sprichwörtlich zu Tode gespart. Auch das grundlegende Denken beim Gewinn erzielen unterscheidet sich stark von dem des Kostensparens. Ich würde sogar behaupten, dass die beiden Motive sehr weit voneinander entfernt sind.

Jemand, bei dem das Motiv Kosten sparen stark ausgeprägt ist, achtet – wie besprochen – darauf, seine Ausgaben möglichst einzuschränken und zu reduzieren. Das kann bisweilen so weit gehen, dass dadurch sogar weniger verdient wird. Man kann sich als Unternehmen wie erwähnt zu Tode sparen. Jemandem, der vor allem vom Motiv angetrieben wird, Gewinn zu erzielen, sind die Kosten an sich egal. Er gibt gerne mehr Geld aus, Hauptsache es rechnet sich. Und das ist, was die grundlegende Geisteshaltung, das Mindset angeht, etwas ganz anderes als das akribische Kosten sparen.

Um diesen Unterschied anhand eines Beispiels deutlich zu machen: Es soll online Werbung gemacht werden. Das Budget dafür beträgt 1.000 Euro. Der Kostensparer wird sich bemühen, das Budget nicht nur nicht zu überschreiten, sondern freut sich, wenn er etwa nur 900 Euro ausgibt. Derjenige, der davon angetrieben wird, Gewinne zu erzielen, analysiert die Ergebnisse, um vielleicht festzustellen, dass er für jeden Euro, den er investiert, 2 Euro zusätzlichen Deckungsbeitrag erwirtschaftet. Mit dieser Erkenntnis wird er sich überlegen, wie er möglichst viel Geld in die Werbung investieren kann. Er wird mehr ausgeben wollen, der Kostensparer weniger.

Wo immer es Geld zu verdienen gibt, wo Investitionen gemacht werden können, dort, wo Renditen, vor allem höhere Renditen locken, wird dieses Bedürfnis befriedigt. Das kann auch dazu führen, dass dafür mehr Risiko in Kauf genommen wird. Wie viel mehr hängt auch davon ab, wie stark das Bedürfnis nach Sicherheit ausgeprägt ist – das Nächste in unserer Liste – das in vielen Fällen, wo es darum geht Gewinn zu erzielen, die andere Seite der Waagschale darstellt.

Doch auch die Gewinne, die bei Gewinnspielen oder in Lotterien aller Art locken, können dieses Kaufmotiv ansprechen. Casinos und andere Glückspielbetriebe sind die klassischen Beispiele in einer Branche, die hauptsächlich von diesem Bedürfnis der Menschen lebt.

6. Sicherheit

Sicherheit ist eines der verbreitetsten und stärksten Motive, die Menschen antreiben. Dabei steckt hinter dem Begriff Sicherheit sehr viel Unterschiedliches. Sicherheit kann – je nach Branche und Zielgruppe – bedeuten:

- körperliche Sicherheit,
- finanzielle Sicherheit,
- Planungssicherheit,
- Jobsicherheit,
- Existenzsicherheit,
- allgemeine Zukunftssicherheit,
- Sicherheit in einer Beziehung und Partnerschaft und
- alle möglichen Varianten der Zuverlässigkeit.

Daraus erkennen Sie bereits, dass das Bedürfnis nach Sicherheit in der einen oder anderen Facette in sehr vielen, wenn nicht fast allen Branchen im Marketing und im Verkauf gut nutzbar ist und nicht nur im Zusammenhang mit Versicherungen steht, wie man spontan vielleicht annehmen könnte.

Wenn es um Sicherheit geht, spielt natürlich auch immer Angst eine große Rolle. Im Zusammenhang mit Sicherheit unterschwellig auch Ängste anzusprechen, um die Botschaft zu kommunizieren und bei Ihren Lesern fest zu verankern, ist eine lang erprobte Vorgehensweise. Der Verkauf von Versicherungen etwa funktioniert weitgehend auf dieser Basis und das sehr gut.

Kunden, denen Sicherheit besonders wichtig ist, erkennen Sie an vielerlei Merkmalen oder auch Verhaltensweisen – vom Klassiker, dass jemand Hosenträger UND Gürtel trägt, einmal abgesehen.

Ein paar Ideen dazu (die aber nur als Indizien zu verstehen sind):

- Veränderungen welcher Art auch immer sind nicht ihre Sache. Jede Veränderung bringt schließlich auch immer ein gewisses Risiko mit sich.
- Sie schließen vielleicht mehr Versicherungen ab und das gegen alle Arten von potenziellen Risiken.
- Sie investieren ihr Geld in das eigene Haus, lassen es auf dem Sparbuch oder wählen Anlageformen mit geringer Rendite und wenig Risiko.
- Sie fahren seit Jahren in dasselbe Hotel in den Urlaub, um vor unangenehmen Überraschungen gefeit zu sein.

- Sie kaufen Garantieverlängerungen für Computer und Haushaltsgeräte.
- Sie wechseln ihre Lieferanten kaum, solange alles im Großen und Ganzen funktioniert mit denen, die sie haben.
- Sie bleiben lieber bei erprobten Technologien und Vorgehensweisen.
- Sie arbeiten schon seit langer Zeit im selben Unternehmen und dort vielleicht sogar im selben Job.
- Sie haben keine Hobbys wie Fallschirmspringen, Motorradfahren, Tauchen, Bungee-Jumping oder ähnliche potenziell riskante Sportarten.

Man könnte generell sagen, dass sie eher in ihrer Komfortzone bleiben, denn dort ist das Risiko am geringsten und es lauern keine Gefahren.

7. Abwechslung

Quasi als Gegenpol zur Sicherheit dürsten wir oftmals aber auch nach Abwechslung. Wir wollen einmal etwas anderes erleben, nicht immer dasselbe vorgesetzt bekommen und überrascht werden. Wenn dieses Bedürfnis stärker ausgeprägt und gleichzeitig das Bedürfnis nach Sicherheit stark ist, kann man dadurch in eine Zwickmühle geraten. Man will in zwei gegensätzliche Richtungen und das gleichzeitig.

Kunden, die ein stärker ausgeprägtes Verlangen nach Abwechslung haben, erkennen Sie im Grunde einfach daran, dass ihre Verhaltensweisen in vielen Bereichen, wenn auch nicht in allen, das Gegenteil von jenen mit dem starken Bedürfnis nach Sicherheit sind.

- Sie wählen jedes Mal eine andere Urlaubsdestination.
- Sie probieren immer gerne mal etwas Neues von der Speisekarte.
- Sie treffen sich gerne mit unterschiedlichen Menschen.
- Sie probieren in manchen Bereichen auch einen neuen Lieferanten aus, in der Hoffnung, dass dieser frischen Schwung in das Unternehmen bzw. Teilbereiche bringt.
- Sie lesen Bücher aus sehr unterschiedlichen Genres und Themenbereichen. Mit den Filmen, die sie sich ansehen, halten sie es genauso.

Ohne genaue Zahlen zu haben, würde ich aber meinen, dass der Wunsch nach Abwechslung zwar in vielen Menschen vorhanden, das Bedürfnis nach Sicherheit aber oft stärker ausgeprägt ist. Das ist auch mit ein Grund, warum viele Produkte über Jahre, manchmal Jahrzehnte hinweg quasi unverändert bleiben.

Der neue VW Golf z. B. sieht niemals komplett anders aus als das Vorgängermodell. Vielmehr gibt es kleine Änderungen hier und da. Das Fahrzeug als Ganzes betrachtet sieht aber weitgehend wie das Vorgängermodell aus. Das freut die Kunden mit starkem Sicherheitsbedürfnis. Bei Weiterentwicklungen mögen Menschen mit starkem Sicherheitsbedürfnis „Evolutionen“ und solche mit starkem Bedürfnis nach Abwechslung „Revolutionen“.

8. Einfachheit und Problemfreiheit

Wenn etwas einfach handzuhaben ist und störungs- bzw. problemfrei abläuft, dann wird das von (fast) jedem geschätzt. Wie bei den anderen Motiven auch, gibt es allerdings Menschen, bei denen dieses Bedürfnis ganz besonders stark ausgeprägt ist. Oft schwingt auch eine gewisse Bequemlichkeit als Motiv mit.

Als Kunden legen sie möglicherweise folgende Verhaltensweisen an den Tag:

- Sie kaufen bei Geräten jeglicher Art – vor allem die, die potenziell komplizierter sind wie Fernseher oder Computer – solche, die einfach in Betrieb zu nehmen sind (Plug- and Play-Lösungen) bzw.
- buchen sie zusätzlich den Service der Inbetriebnahme dazu.
- Wenn sie Möbel kaufen, dann lassen sie diese liefern oder lassen jemanden kommen, der sie aufbaut, oder lassen diese gleich vom Tischler fertigen.
- Bei Urlauben können sie zu All-in-Angeboten tendieren – da muss man sich nicht mehr überlegen, wo man essen geht etc. – oder von Anfang bis Ende durchorganisierten Reisen, bei denen sie vielleicht sogar ein Reiseführer an die Hand nimmt und begleitet.
- Sie sind empfänglich für Versicherungen und Garantien, allerdings weniger aus dem Sicherheitsbedürfnis heraus, sondern in der Hoffnung, dass es mit dieser Versicherung oder Garantie jemanden gibt, der nicht

nur den Schaden deckt, sondern auch die Problemlösung übernimmt.

- Sie entscheiden sich beim Kauf von Produkten eher für Anbieter aus der Nähe, da diese leichter und rascher helfen können, wenn es Probleme geben sollte. Dafür sind sie auch bereit, mehr zu bezahlen.
- Sie kaufen gerne Produkte und Leistungen, die ihnen Arbeit abnehmen und das Leben leichter machen – Thermomix, Staubsaugerroboter, Rasenmähroboter, um nur ein paar Beispiele zu nennen.

Wie Sie vermutlich bereits bemerkt haben, sind viele dieser Indizien nicht eindeutig. Der Rasenmähroboter macht das Leben nicht nur bequemer und einfacher, sondern spart auch Zeit, was wiederum ein anderes Motiv ist.

9. Zeit sparen

Zeit ist eine knappe Ressource. Streng genommen sogar die knappste, die es gibt. Streng limitiert auf 24 Stunden pro Tag für jeden von uns und nicht vermehrbar. Was wir allerdings tun können, ist, die Prioritäten zu verschieben und bei gewissen Tätigkeiten Zeit einzusparen, die wir dann für andere Dinge zur Verfügung haben.

Gerade in den letzten Jahren ist der Wert der Zeit immer mehr Menschen bewusst geworden. Mehr Work- / Life-Balance, das heißt in dem Fall weniger Zeit bei der Arbeit und mehr mit anderen Tätigkeiten oder Menschen zu verbringen, ist ein wichtiges Thema geworden. Daher ist das Bedürfnis vieler, Zeit zu sparen, sehr stark.

Menschen, denen Ihre Zeit besonders wichtig und wertvoll ist, erkennt man an folgenden Dingen und Verhaltensweisen:

- Sie sind grundsätzlich bereit, mehr Geld auszugeben, damit oder wenn etwas schneller geht – vor allem wenn es ihre eigene Zeit betrifft.
- Sie wählen vielleicht gegen einen Aufpreis den Direktflug in den Urlaub.
- Sie fahren mit dem Taxi statt den öffentlichen Verkehrsmitteln, wenn das schneller geht.
- Sie bezahlen für die „Fast Lane“ in Vergnügungsparks oder am Flughafen.
- Sie versuchen bestimmte Dinge und Aktivitäten gleichzeitig zu machen – wie ich selbst das auch häufig mache:
    - Sie hören Hörbücher beim Autofahren.
    - Sie lesen ein Buch beim Warten an der Wursttheke im Supermarkt oder bis der Zug kommt.
    - Sie verlagern Telefonate auf Autofahrten.
- Sie suchen beständig nach Möglichkeiten, Prozesse und Abläufe zu beschleunigen.
- Sie investieren in Technologien, die Dinge schneller machen und sie von lästigen Tätigkeiten entlasten, wie zum Beispiel wie vorhin erwähnt in einen Saug- oder Mähroboter oder einen Thermomix, der Speisen schneller und weitgehend automatisch zubereitet.

- Sie lagern Arbeiten aus an Mitarbeiter, Reinigungskräfte oder Gärtner zum Beispiel.
- Sie reservieren Termine vorab, um nicht warten zu müssen.
- Sie machen Termine lieber per Telefon oder Webcall, als sich physisch zu treffen.
- Sie versuchen die Anzahl von Meetings und die Zeit, die sie dort verbringen, möglichst zu reduzieren.

All das sind Beispiele für Indizien von Menschen, denen es besonders wichtig ist, mit ihrer beschränkten Zeit ökonomisch umzugehen.

10. Gesundheit

Gesundheit ist ein Bedürfnis, das zwar alle haben, das allerdings bei den meisten erst dann in den Vordergrund tritt und wichtig wird, wenn sie krank, verletzt oder körperlich eingeschränkt sind. Wir merken erst, wie wichtig die Gesundheit ist, wenn wir sie nicht (mehr) haben oder jemand, den man gut kennt, schwer erkrankt.

Dennoch gibt es Menschen – die Zahl ist in den letzten Jahren gestiegen –, bei denen das Bedürfnis nach Gesundheit so sehr in den Vordergrund gerückt ist, dass diese auch dann wichtig ist, wenn sie vorhanden ist. Dabei hat sich der Begriff, bei dem es früher nur um die körperliche Gesundheit ging – ausgeweitet und umfasst heute auch die mentale Gesundheit bzw. das psychische Wohlbefinden.

Potenzielle Kunden, die ein permanentes und ausgeprägtes Gesundheitsbedürfnis haben, erkennen Sie möglicherweise an folgenden Merkmalen:

- Sie achten darauf, was sie essen und trinken. Sie kaufen Bio-Produkte und ernähren sich bewusst. Manchmal (aber nicht zwingend) ernähren sie sich vegetarisch, vegan oder nach einer anderen „gesunden" Ernährungsphilosophie.
- Sie nehmen sich auch mehr Zeit zum Essen, denn das Wie ist beim Essen ebenso wichtig wie das Was.
- Sie rauchen nicht oder haben damit aufgehört.
- Sie machen (mehr) Sport und achten auf genügend Bewegung.
- Sie achten auf mehr Ausgewogenheit im Leben. Die sogenannte „Work-Life"-Balance ist ein Thema für sie, denn die Überarbeitung und ein daraus folgendes „Burn-out" sind heutzutage eine beständig drohende Gefahr.
- Sie überprüfen ihren Gesundheitszustand öfter im Rahmen von Vorsorgeuntersuchungen aller Arten.
- Sie monitoren ihre Körperfunktionen (Puls, Schlaf, Blutdruck, Atemfrequenz etc.) mit spezialisierten Uhren oder anderen Geräten und protokollieren ggf., was sie zu sich nehmen.
- Sie sind tendenziell schlanker.
- Sie betreiben ggf. Aktivitäten wie Yoga oder Meditation.

- Sie lesen Bücher zu gesundheitlichen Themen.
- Sie fahren, sofern es möglich ist, vielleicht mit dem Fahrrad oder gehen zu Fuß, statt das Auto oder die Öffis zu nutzen.
- Sie nehmen die Treppen statt des Lifts.

Die starke Verbreitung dieses Motivs in den letzten Jahrzehnten hat auch dazu geführt, dass immer mehr Menschen bereit sind, für Gesundheit – in Form von hochwertigeren, oft biologischen Lebensmitteln etwa – deutlich mehr – da sprechen wir oft vom Doppelten und mehr – Geld auszugeben als für die billigen, aber ungesunden.

Das Bedürfnis nach Gesundheit ist naturgemäß eines, das nicht in jeder Branche gleichermaßen ansprechbar ist. Bei Ernährung einerseits ist Gesundheit zu einem der wichtigsten Kaufmotive geworden, ein Aufbewahrungsregal für den Keller wird man schwer mit diesem Kaufmotiv in Verbindung bringen können – um zwei extreme Beispiele zu nennen.

Allerdings sind es in den letzten Jahren immer mehr Branchen, Produkte und Leistungen geworden – im Zuge der Entwicklung des Gesundheitsbedürfnisses in der gesamten Bevölkerung –, die dieses Bedürfnis durchaus erfolgreich bedienen. Bildschirme, Wandverputze, Reisen, Möbel, Häuser, Socken und vieles mehr – Manchmal muss dabei um die Ecke gedacht werden, aber möglicherweise ist Gesundheit ja auch für Ihr Business ein interessantes Kaufmotiv.

11. Genuss

Doch bei all den wachsenden Bedürfnissen nach Sicherheit und Gesundheit, wollen wir das Leben ja auch genießen. Dieser Genuss wird teilweise durch das Befriedigen anderer Bedürfnisse eingeschränkt und meldet sich selbst bei Gesundheitsfanatikern manchmal lautstark zu Wort. Wenn dieses Bedürfnis unterdrückt wird, sucht es sich irgendwo – manchmal auch an ganz anderen Stellen – ein Ventil.

Der Genuss kann daher vielerlei Facetten haben und ist somit in unterschiedlichen Branchen und Bereichen als Kaufmotiv nutzbar. Produkte und Leistungen wie Essen, Wein, Spirituosen oder auch Tabakwaren können dieses Motiv naturgemäß direkt ansprechen. Aber genießen kann man auch in ganz anderen Bereichen: Reisen, Lesen, Veranstaltungen oder Autofahren.

Es kommt, wie man sieht, nicht nur bzw. nicht so sehr auf das Produkt an, sondern vor allem auch darauf, wie gut Sie es schaffen, den Genuss in Ihre Produkt- oder Leistungsstory zu verpacken. Dieses Verpacken ist – nebenbei bemerkt – für alle angeführten Bedürfnisse und Motive ein entscheidender Faktor. Dieses Thema werden wir später noch sehr ausführlich bearbeiten.

Indizien dafür, dass dieses Bedürfnis bei Menschen stärker ausgeprägt ist, sind etwa:

- Sie wählen Wein oder auch andere, oft alkoholische Getränke ganz bewusst aus. Da wird nicht nur gefragt, welchen Wein der Kellner anbieten kann, sondern auch von welchem Winzer oder aus welcher Region dieser stammt.

- Um essen zu gehen, werden Lokale ausgewählt, die etwas Besonderes bieten.
- Es könnte auch sein, dass die Person selbst ein begeisterter Hobbykoch ist.
- Essen und Trinken ist oft ein Gesprächsthema, wenn man sich mit anderen trifft. Rezepte, Restaurantempfehlungen, Weintipps sind Dinge, über die sich Menschen, denen Genuss wichtig ist gerne austauschen.
- Es kann aber auch sein, dass zu jeder Stimmung die passende Musik im Hintergrund läuft – Genuss hat nicht nur mit dem leiblichen Wohl zu tun.
- Ein Bad wird nicht genommen, um sauber zu werden, sondern um sich – durchaus lange – zu entspannen. Es wird geradezu zelebriert.
- Es wird Geld in Massagen investiert, aber nicht um Schmerzen zu beseitigen, sondern nur, weil es sich so gut anfühlt.
- Man reist nicht aus dem Motiv, um möglichst rasch von A nach B zu kommen, sondern um die Reise selbst zu genießen. Ganz nach dem Motto: „Der Weg ist das Ziel“. Da können auch langsamere Fortbewegungsmittel – die Bahn oder das Schiff statt des Flugzeugs – gewählt werden.

Sie sehen also, Genuss hat viele Aspekte und ist ein durchaus weit gefasster Begriff.

12. Anderen helfen und einen Beitrag zum Ganzen leisten

Die meisten der bisher besprochenen Bedürfnisse und Kaufmotive sind primär auf die Zielperson bzw. Zielgruppe selbst bezogen. Es geht um ihre eigene Sicherheit, ihren Gewinn oder auch wie eben erwähnt ihren Genuss. Doch Kaufmotive müssen nicht nur derart selbstbezogen sein.

In vielen Menschen, vielleicht auch in Ihrer Zielgruppe, besteht ein großes Bedürfnis danach, anderen etwas Gutes zu tun und zu helfen. Sie wollen einen Beitrag zum Wohl anderer oder auch zum Gemeinwohl leisten und investieren Zeit und Geld, damit es anderen oder auch uns allen besser geht. Auch das in den letzten Jahren extrem groß gewordene Thema des Umweltschutzes und der Nachhaltigkeit zählt hier dazu.

Nebenbei gesagt, wenn das Bedürfnis, anderen zu helfen, befriedigt wird, freuen wir uns und es geht uns besser, was streng genommen wieder ein selbstbezogenes Motiv ist.

Menschen, in denen dieses Bedürfnis stark ausgeprägt ist, erkennen Sie an folgenden Indizien:

- Sie loben andere und verteilen Komplimente.
- Sie helfen gerne und auch ungefragt.
- Sie spenden häufig und viel.
- Sie engagieren sich für gemeinnützige Zwecke und leisten in diesem Bereich auch freiwillig unbezahlte Arbeit.

- Sie kaufen bevorzugt Lebensmittel aus nachhaltigem, biologischem Anbau. Wenn das auch noch Fair Trade zertifiziert ist, umso besser.
- Sie ernähren sich bevorzugt von Lebensmitteln, die gerade während der Saison in ihrem Land wachsen.
- Sie könnten auch vegetarische oder gar vegane Ernährung bevorzugen und fleischlos leben oder sich zumindest um das Tierwohl vor dem Ableben dieser sorgen.
- Sie kaufen lieber vor Ort, um die Transportwege möglichst kurz zu halten.
- Sie fahren eher mit Öffis als mit dem Auto, verwenden das Fahrrad oder gehen zu Fuß – wie die Kunden, denen Gesundheit besonders wichtig ist, nur eben aus einem anderen Grund.
- Sie fahren eher Elektroautos – wenngleich man über die Nachhaltigkeit dieser durchaus kontrovers diskutieren kann.
- Die wirklich *eingefleischten* Kunden dieses Typs, auch wenn diese Bezeichnung gerade für diesen Typus sonderbar klingen mag, vermeiden sogar Flugreisen oder Kreuzfahrten.
- Unternehmenskunden dieser Art forcieren E-Autos als Firmenfahrzeuge oder halten ihre Verkäufer vielleicht sogar an, auch Meetings mit Kunden, wenn das möglich ist, per Webcall durchzuführen.
- Unternehmen, die sich Nachhaltigkeit auf die Fahnen geheftet haben, haben das häufig auch in ihren

Vision-/ Mission-Statements festgelegt. Doch Achtung, oft sind das auch nur leere Worthülsen, die spätestens dann in sich zusammenbrechen, wenn es darum geht, dass das nachhaltige Produkt, das gekauft werden soll, im Vergleich zum nicht nachhaltigen mehr Geld kostet.

Dieses Motiv können Sie mit Ihren Produkten oder Leistungen direkt ansprechen, vor allem dann, wenn diese von Haus aus für andere gedacht sind. Das ist etwa bei Non-Profit-Organisationen der Fall, die letztlich nur das gute Gefühl, etwas beigetragen zu haben, verkaufen. Wenn Sie gemeinnützige Arbeit „verkaufen“ – wenn man das so nennen will –, dann empfiehlt es sich ebenso, auf dieses Motiv zu setzen. Aber auch „normale“ Produkte und Dienstleistungen lassen sich verkaufen, indem Sie das Bedürfnis, „anderen zu helfen“ befriedigen.

Ein paar Beispiele dazu:

- Die Sicherheitsausstattung eines Autos lässt sich verkaufen, indem Sie erwähnen, dass die Familie des Käufers dadurch bestens geschützt ist.
- Geschenke jeglicher Art befriedigen dieses Bedürfnis, wenn Sie erwähnen, dass Sie damit Freude in die Gesichter und Herzen der Beschenkten bringen.
- Nachhaltig und umweltschonend produzierte Produkte stellen dieses Bedürfnis zufrieden.
- Auch das Argument, dass Tiere ein schönes Leben führen durften und einen raschen und schmerzlosen Tod gehabt haben, bevor sie im Supermarkt und

letztlich auf unserem Teller gelandet sind, schlägt in diese Kerbe.

- Im Rahmen der Corona-Krise versuchte die Politik – mehr oder weniger erfolgreich – dieses Motiv neben denen der Sicherheit und Gesundheit zu nutzen, um sich die Zustimmung der Bevölkerung für Einschränkungen und Impfungen zu holen. *„Es geht um die Sicherheit der anderen und den Schutz aller"*, hieß es da.

Sie sehen also, auch dieses Motiv ist vielfältiger einsetzbar, als man vielleicht auf den ersten Blick denken würde.

13. Freiheit und Unabhängigkeit

Freiheit ist bei manchen von uns ein sehr stark ausgeprägtes Bedürfnis, das auch in Kaufentscheidungen eine wichtige Rolle spielen kann. Es ist gewissermaßen ein weiterer Gegenpol – neben dem Bedürfnis nach Abwechslung – zum Bedürfnis nach Sicherheit. Ein Mehr an Freiheit bedeutet oft, dass damit einhergehend die Sicherheit abnimmt. Oft wollen wir auch beides und sind dann von diesem Bedürfniskonflikt hin- und hergerissen.

Ein Mehr an Freiheit bringt meist auch ein Mehr an Flexibilität und eine größere Menge von Möglichkeiten und Optionen mit sich. Um die Kehrseite der Medaille zu betrachten, heißt das, dass überall dort, wo ein Produkt bzw. eine Dienstleistung sehr starr definiert sind und wenig Flexibilität bieten, das Bedürfnis nach Freiheit verletzt wird.

An welchen Denk- und Verhaltensweisen sind Kunden mit verstärktem Bedürfnis nach Freiheit zu erkennen:

- Sie bevorzugen kürzere oder gar keine Bindungsfristen bei längerfristigen Dienstleistungen und Abos.
- Sie mieten eher, als dass sie kaufen.
- Sie reagieren sehr sensibel bis verärgert auf alle Arten von Regeln und Vorschriften.
- Sie fühlen sich relativ leicht und rasch eingeengt.
- Als Unternehmenskunden bevorzugen sie es, mit mehreren Lieferanten in einem bestimmten Bereich zu arbeiten, um Abhängigkeitsverhältnisse zu vermeiden.
- Sie legen sich auch zeitlich nicht so gerne fest. Es fällt ihnen bisweilen schwer, Termine längerfristig zu vereinbaren.
- Sie verreisen lieber sehr individuell, manchmal sogar so, dass sie wenig oder gar nicht im Voraus buchen. Organisierte Gruppenreisen sind ihnen ein Gräuel.
- Es könnte sein, dass sie zwar Partnerschaften eingehen, aber Ehen meiden.
- Sie belasten sich nicht mit Dingen oder auch Haustieren, die sie in ihrer Freiheit einengen könnten.

Bei welchen Produkten bzw. in welchen Branchen könnte dieses Bedürfnis nach Freiheit eine relevante Rolle bei Kaufentscheidungen spielen?

Ein paar Ideen bzw. Beispiele dazu:

- Reisen haben für viele Menschen per se etwas mit Freiheit zu tun. Reisen für besonders freiheitsliebende Menschen lassen sich sicher organisieren, wenngleich die extrem freiheitsbedürftigen Kunden überhaupt keine organisierte Reise buchen würden, sondern sich einfach ins Auto setzen und losfahren.
- Mit allen Produkten und Dienstleistungen, bei denen es viele Alternativen und Ausstattungsoptionen gibt, lässt sich das Bedürfnis nach Freiheit – als Wahlfreiheit – gut adressieren.
- Doch auch ein Produkt, das vor allem für Sicherheit steht, lässt sich – mit einer Art Bumerangeffekt – dafür nutzen, um das Bedürfnis nach Freiheit anzusprechen. So gibt z. B. ein solider Pensionssparplan später die Möglichkeit, den Ruhestand zu genießen. Ein solides finanzielles Polster schafft Freiheit.

Bei einigem Nachdenken lässt sich das Bedürfnis nach Freiheit – und sei es auch durch die Hintertür – in vielen Branchen und für so manche Produkte und Leistungen nutzen, die auf den ersten Blick vielleicht wenig damit zu tun zu haben scheinen.

Ein Produkt, viele Bedürfnisse

Wie zu Beginn dieses Abschnittes erwähnt, sind die Bedürfnisse nicht überschneidungsfrei. Ganz und gar nicht. Durch das Ansprechen einzelner dieser Kaufmotive adressieren Sie gleichzeitig oft auch andere. Doch abgesehen von dieser unvermeidbaren Überschneidung, können Sie natürlich auch auf mehrere dieser Bedürfnisse gleichzeitig setzen, wenn Sie Botschaften und Texte für Ihre Produkte und Leistungen verfassen. Manche Kombinationen drängen sich fast auf, andere sind vielleicht nicht so naheliegend, ergeben aber auch sehr viel Sinn.

Es soll nicht der Eindruck entstehen, dass mit bestimmten Produkten nur ganz bestimmte Bedürfnisse angesprochen werden können. Bei Versicherungen etwa könnte man diesen Eindruck gewinnen. Und auch, wenn das Bedürfnis nach Sicherheit das wichtigste Kaufmotiv im Versicherungsgeschäft sein wird, ist es nicht das einzige.

Am Beispiel des Produktes Reise, können Sie erkennen, wie vielfältig die Kombination von Produkten mit Bedürfnissen sein kann. Eine Reise als Produkt z. B. könnte folgende Motive ansprechen:

- Anerkennung und Prestige
    - der Luxustrip, bei dem nur in 5-Sterne-Hotels abgestiegen wird
- Neues und Fortschritt
    - die Reise an Orte, wo Sie noch nie waren
- persönliche Entwicklung und Wachstum
    - Bildungsreisen insbesondere, aber nicht nur
- Kosten sparen
    - Last-Minute-Buchungen oder auch frühe Buchungen zu reduzierten Preisen

- Gewinn erzielen
    - Bildungsreisen, die dazu beitragen, Dinge zu lernen, die helfen, geschäftlich erfolgreicher zu sein. Silikon-Valley-Trips, wie sie in den letzten Jahren häufiger angeboten werden, fallen in diese Kategorie.
- Sicherheit
    - Alle Aspekte der Sicherheit im Zuge der Reisen betonen: Geld zurück, Durchführung, garantierte Unterbringung in einem bestimmten Zimmer oder auch die sichere Umgebung.
- Abwechslung
    - Rundreisen, bei denen jeden Tag eine andere Stadt besucht wird
- Einfachheit und Problemfreiheit
    - Alle Aspekte, Leistungen und Zusatzprodukte, die Reisen einfacher, bequemer und stressfreier machen.
- Gesundheit
    - Gesundheitsreisen und Fitnessurlaube: Während der Corona-Pandemie haben viele Reiseveranstalter und Hotels damit geworben, dass sie ganz besondere Maßnahmen diesbezüglich ergreifen.

- Genuss
  - Genussreisen mit Besuchen in tollen Restaurants, Weinverkostungen und Wellnessaufenthalte
- Anderen helfen und einen Beitrag zum Ganzen leisten
  - ökologisch und nachhaltig reisen
- Freiheit und Unabhängigkeit
  - flexible Rundreisen für Selbstfahrer

Bei diesem Beispiel ist es allerdings so, dass es sich zwar nur um eine Produktkategorie – Reisen – handelt, innerhalb dieser aber um unterschiedliche Produkte. Doch auch mit ein und demselben Produkt können verschiedene Bedürfnisse angesprochen werden.

Bleiben wir bei dem Beispiel „Reisen“. Ein All-inclusive-Urlaub z. B. wird etwa gebucht, weil:

- man sich Kosten spart, da das Package billiger ist, als für jede Leistung separat zu bezahlen (Motiv: Kosten sparen),
- es praktisch ist: Man muss sich nicht immer überlegen, wo man abends essen geht, sondern weiß, das Buffet steht bereit (Motiv: Einfachheit und Problemfreiheit),
- man sich am Urlaubsort nicht auskennt und nicht weiß, ob es in der Nähe des Hotels passende und saubere Lokale gibt (Motiv: Sicherheit),

- man aus einem früheren Urlaub weiß, dass die abendliche Restaurantsuche inklusive der Taxifahrt vom Hotel in den nächsten Ort zeitaufwändig sein kann und man diese Zeit lieber anderweitig nutzen will (Motiv: Zeit sparen).

Natürlich lassen sich mit einem Produkt nicht (immer) alle Kaufmotive ansprechen, doch wie Sie sehen, durchaus einige.

Bedürfnisse von Unternehmen

Für all diejenigen unter Ihnen, die nicht an Privatpersonen, sondern an Unternehmen verkaufen, stellt sich naturgemäß die Frage, ob diese auch Bedürfnisse haben und dieses Konzept auch auf Unternehmen anwendbar ist.

Kleine und kleinste Unternehmen sind zumeist sehr stark vom Besitzer bzw. Geschäftsführer geprägt. Er bzw. sie trifft alle wesentlichen Kaufentscheidungen. Daher sind es seine Bedürfnisse, die für Sie als Verkäufer relevant sind.

Doch wenn Unternehmen wachsen und größer werden, bekommen sie meist auch mehr Profil und eine Art eigene Persönlichkeit. Und diese Persönlichkeit hat – wie die Menschen, die dort arbeiten – eigene Bedürfnisse. Oft findet man Unternehmensbedürfnisse in Form von Mission- oder Vision-Statements auf Webseiten oder sie schmücken in gedruckter Form die Wände in den Büros. Nicht immer müssen diese „offiziellen Bedürfnisse“ mit den tatsächlich gelebten übereinstimmen. Ein Anhaltspunkt für Sie sind sie trotzdem.

Das heißt, wenn ein Unternehmen, das ein (potenzieller) Kunde für Sie ist, sich „Nachhaltigkeit“ ganz groß auf die Fahnen heftet, dann ist es im Normalfall durchaus sinnvoll, diese „Nachhaltigkeit“ in Ihrer Verkaufsbotschaft anzusprechen.

Halten Sie daher Ausschau nach allem, woraus Sie auf Bedürfnisse Ihrer Kundenunternehmen schließen können, wie zum Beispiel:

- Was steht in den Vision- und Mission-Statements?
- Wo ist das Unternehmen angesiedelt?
- Wie sehen die Büros bzw. Firmengebäude aus?
- Welche Firmenautos fährt man? (Klasse, Marke, herkömmlich oder elektrisch)
- Wie ist die Webseite?
- Gibt es Social-Media-Auftritte und wenn ja, wo?

Im Prinzip können Sie viele der Aspekte, die auf bestimmte Kaufmotive und Bedürfnisse bei Menschen hinweisen, auch bei Unternehmen heranziehen, um daraus auf Unternehmensbedürfnisse zu schließen.

DIE PRODUKTMERKMALE

Die Kundenbedürfnisse sind die Basis. Der nächste Bestandteil unserer Kundennutzenstrategie sind die Produktmerkmale. Produktmerkmale sind Eigenschaften, (technische) Features oder Ausstattungsbestandteile eines Produktes, einer Dienstleistung oder auch eines Angebotes ganz allgemein. Oft sind diese in Form von Zahlen und Daten darstellbar, oft sind es auch physische Bestandteile.

Bei physischen Produkten sind das z. B.:

- Preis,
- Maße und Gewicht,
- Dauer,
- Farbe,
- Lieferzeit,
- Haltbarkeit etc.,
- Vorhandensein und Anzahl bestimmter Bestandteile und Features,
- Garantien und
- Mengen.

Produktmerkmale sind beschreibend und nicht interpretierend. Was heißt das?

- Beschreibend: Das Produkt wiegt 3,5 kg.
- Interpretierend: Das Produkt ist leicht.

Das Letztere ist kein Merkmal mehr, sondern etwas, auf das wir gleich zu sprechen kommen werden. Ob etwas, wie in diesem Beispiel, leicht oder schwer ist, hängt sehr stark von der persönlichen Einschätzung ab. 3,5 kg sind allerdings immer 3,5 kg – egal wer das Produkt in die Hand nimmt.

Je nach Art des Produktes oder der Leistung kommen da noch sehr viele weitere Dimensionen für Produktmerkmale bzw. Leistungsmerkmale hinzu. Am besten lässt es sich anhand von Beispielen verdeutlichen. Lassen Sie uns der Einfachheit halber ein Fahrrad nehmen, ein Produkt, das jedem Leser und jeder Leserin geläufig ist.

Folgende Produktmerkmale hat unser Beispiel-Fahrrad:

- 7,2 kg Gewicht,
- Rahmen aus Carbonfaser,
- 2 Räder,
- 1 mit Gel gepolsterter Sattel,
- 1 Flaschenhalter,
- 26 Zoll Reifen in schwarz
- und vieles mehr.

Bei einem Verkaufstraining, ein Beispiel für eine Dienstleistung aus einer Branche, in der ich selbst sehr viel Erfahrung habe, könnte das so aussehen:

- Thema: Verkaufsabschluss

- Dauer: 2 Tage
- jeweils von 9 bis 17 Uhr
- 1 Trainer und 1 Co-Trainer kommen zum Einsatz
- 60 % Übungsanteil
- Aufzeichnung der Übungen auf Video
- gedruckte Unterlagen für jeden Teilnehmer
- 1 online Follow-up-Einheit in Webinarform
- etc.

Ich glaube, es ist jetzt klar genug, was mit Produktmerkmal gemeint ist.

Aber auch der Anbieter selbst, das Unternehmen, als wichtiger Teil im gesamten Angebot, hat Merkmale, die letztlich Nutzenargumente liefern können:

- der Umsatz,
- die Anzahl der Mitarbeiter,
- die Anzahl der Standorte und wo sich diese befinden (auch in welchen und wie vielen Ländern),
- die Bestandsdauer des Unternehmens,
- Zertifikate und Preise, die das Unternehmen erhalten hat,
- die Tatsache, Marktführer (in einem Teilbereich) zu sein,
- die Tatsache, dass es eine eigene Forschungsabteilung gibt,

- die Information, dass Lehrlinge ausgebildet werden,
- es wird nur im eigenen Land zugekauft und produziert,
- die Breite oder Tiefe der Produktpalette und
- die Menge der positiven Kundenstimmen und Rezensionen.

Die Möglichkeiten, Merkmale eines Unternehmens zu definieren, sind nahezu unendlich. Wozu wir die Merkmale – von Produkt, Leistung oder Unternehmen – benötigen, werden wir uns noch sehr genau ansehen.

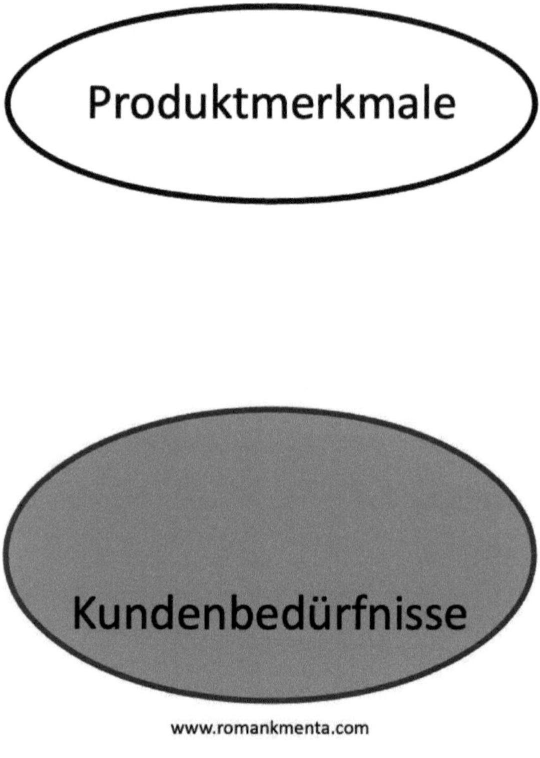

Das obere Oval stellt die Menge aller Merkmale für Ihr Produkt und Ihre Leistungen dar. Wir werden diese Grafik Schritt für Schritt erweitern, um die Zusammenhänge der einzelnen Begriffe deutlich zu machen.

DER PRODUKTNUTZEN

Die Produktnutzen sind das nächste Puzzleteil, wenn es darum geht, die Bedürfnisse Ihrer Kunden punktgenau anzusprechen. Sie ergeben sich aus der Frage: *„Was haben potenzielle Kunden von einem bestimmten Produktmerkmal?"* Dabei geht es aber noch nicht um einen ganz bestimmten Kunden. Noch sind es recht allgemeine Nutzen, die ein möglicher Kunde aus der Zielgruppe haben könnte. Produktnutzen sind nicht für alle, aber doch für die meisten Produktmerkmale definierbar.

Ein Beispiel dazu:

- **Produktmerkmal**
  Das Seminar zum Thema Verkaufsabschluss dauert zwei ganze Tage.

- **Produktnutzen**
  Dadurch gibt es viel Zeit, auf Inhalte genau einzugehen und Gespräche zu üben und die Teilnehmer können durch die vielen Übungen bereits im Seminar Fortschritte erzielen.

Wenn Sie in dieser Phase Produktmerkmale finden, aus denen sich kein Produktnutzen ergibt, dann sollten Sie erwägen, diese Merkmale ggf. wegzulassen. Eine Produkteigenschaft ohne Nutzen ist im wahrsten Sinne des Wortes nutzlos. Diese kann aber Kosten in der Produktion oder Leistungserstellung verursachen.

Mit Produktnutzen kommen wir in der Überzeugungsarbeit schon ein schönes Stück weiter. 2 Tage Dauer (im obigen Beispiel) sind für sich genommen vollkommen irrelevant, aber der Nutzen, der sich daraus ergibt, die Zeit für Übungsgespräche und die Aneignung neuer Fähigkeiten, ist bereits etwas, woran ein Kunde Gefallen finden könnte.

Ein paar mehr Beispiele noch aus anderen Bereichen, um noch klarer zu machen, was ein Produktvorteil ist:

Merkmal	**Produktnutzen**
wiegt 3 kg	kann man leicht mit nur 1 Hand heben und schont den Rücken (Bedürfnis: Gesundheit)
hat bis 20 Uhr geöffnet	kann man auch nach der Arbeit noch auf dem Heimweg aufsuchen (Bedürfnis: Zeitersparnis)
es gibt Servicetechniker	rasche Problemlösung vor Ort ist möglich (Bedürfnis: Problemfreiheit)
das Buch hat 1.250 Seiten	ein Buch reicht für den ganzen Urlaub (Bedürfnis: Einfachheit)

Doch nicht jedes Produktmerkmal bietet, wie erwähnt, auch zwingend einen Produktnutzen. Oft genug treffen wahrscheinlich auch Sie auf Produkte, die Features haben, die

– selbst nach langem Überlegen – mit keinerlei Nutzen verbunden sind. Doch seien Sie sicher: Sie werden, wenn Sie darüber nachdenken, ausreichend viele Produktnutzen in Ihren Produkten und Leistungen finden. Teilweise auch welche entdecken, an die Sie bisher noch nicht gedacht haben.

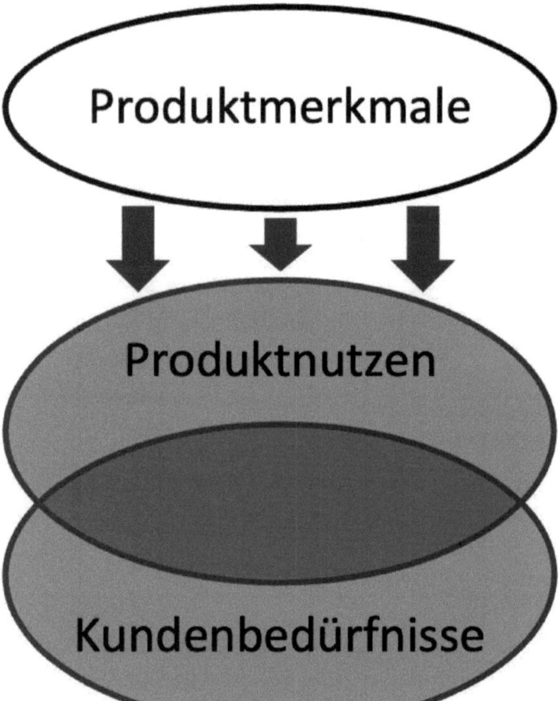

www.romankmenta.com

Auch in unserer Grafik wird gezeigt, dass es darum geht, die Produktmerkmale in Produktnutzen zu verwandeln bzw. den Merkmalen einen Nutzen zuzuordnen.

DER KUNDENNUTZEN

Jetzt erst kommt auf Basis der Kundenbedürfnisse bzw. Kaufmotive und des Produktnutzens der Kundennutzen ins Spiel.

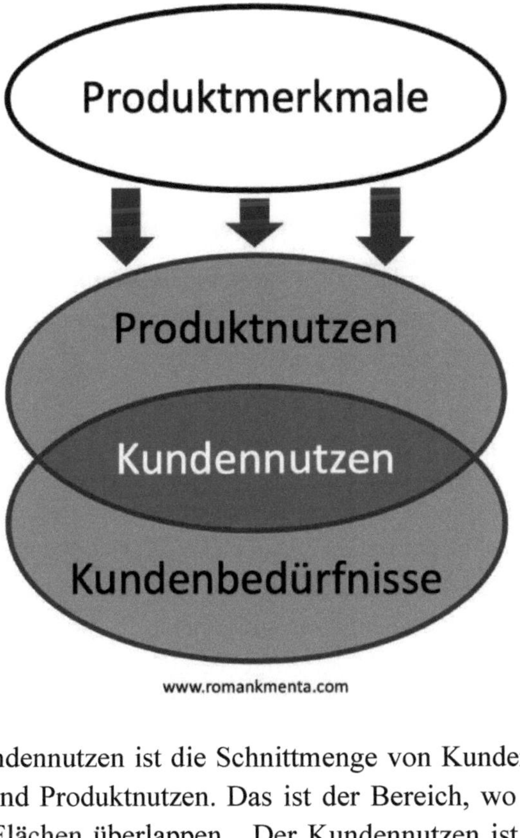

Der Kundennutzen ist die Schnittmenge von Kundenbedürfnissen und Produktnutzen. Das ist der Bereich, wo sich die beiden Flächen überlappen. „Der Kundennutzen ist der von einem Kunden mit dessen Kaufentscheidung tatsächlich wahrgenommene Nutzen" – Definition Wikipedia.

Hier wird es jetzt sehr individuell und spezifisch. Für einen Kunden A ist der Produktnutzen X kaufentscheidend, wohingegen für den Kunden B der Produktnutzen Z schwer wiegt und die Kaufentscheidung stark beeinflusst. Individuell bedeutet für Ihr Marketing und Ihren Verkauf allerdings nicht unbedingt personenspezifisch. Auch bestimmte Zielgruppen bzw. Teile davon können gemeinsame, stark ausgeprägte Bedürfnisse haben und daher auf dieselben Produktnutzen ansprechen. Das ist sogar genau das, was gutes Marketing ausmacht: Die gemeinsamen, wesentlichen Bedürfnisse einer Zielgruppe herauszufinden und diese über deutlich kommunizierte Produktnutzen anzusprechen.

Im persönlichen Verkauf, wo der Verkäufer bzw. die Verkäuferin mit einem Kunden oder einer kleinen Gruppe kommuniziert, geht es dann tatsächlich um personenspezifische Bedürfnisse und sich daraus ergebende Kundennutzen.

Kundennutzen schafft Wert

Wie zu Beginn des Buches bereits erwähnt, kauft der Kunde, wenn der individuell beigemessene Wert höher ist als der dafür verlangte Preis. Und genau dieser Wert wird durch den spezifischen Kundennutzen aufgebaut. Je mehr Nutzen der Kunde für sich in Ihrem Angebot sieht, umso „wertvoller" wird es in seinen Augen und desto höher ist der Preis, den der Kunde bereit ist, dafür zu bezahlen.

Damit haben wir die 4 Bestandteile der Kundennutzen-Strategie ausreichend definiert und können uns der Frage zuwenden, wie Sie diese Strategie konkret für Ihr Business ein- bzw. umsetzen.

Eine kleine Bitte

Sie haben nun etwa die Hälfte dieses Buches gelesen. Ich hoffe, Sie hatten bereits die eine oder andere Erkenntnis, die Sie in Ihrem Geschäft nutzenstiftend einsetzen können. Idealerweise haben Sie das sogar bereits erfolgreich gemacht. In diesem Fall gratuliere ich. Im Grunde würde es sogar reichen, wenn Sie nur zwei oder drei solcher Erkenntnisse, die Ihnen besonders wichtig und gut umsetzbar erscheinen, auch umsetzen. Allein dadurch haben Sie sehr wahrscheinlich schon mehr gewonnen, als Sie in das Buch investiert haben. Das ist der Vorteil an guten Büchern für Verkäufer: Sie rechnen sich ganz leicht.

Für mich als Autor ist es wichtig, zu erfahren, wie meinen Lesern das Buch gefällt. Basierend auf Leserkommentaren überarbeite ich meine Bücher immer wieder, um sie noch gehaltvoller und praxisnäher zu machen. Wenn Sie also eine zusätzliche Idee aus Ihrer Praxis einbringen wollen, senden Sie mir einfach eine E-Mail an service@romankmenta.com.

Und natürlich würden Sie mir sehr helfen, wenn Sie auch auf Amazon bzw. der Plattform, auf der Sie das Buch erworben haben, eine Rezension hinterlassen. Würden Sie das für mich tun? – Wenn ja, dann machen Sie es entweder gleich, wenn Sie meinen, dass Sie bereits genug gelesen haben, um eine kurze Rezension verfassen zu können. Wenn Sie das Buch erst zu Ende lesen wollen, bevor Sie Ihre Rezension schreiben, dann freut mich das natürlich genauso. In jedem Fall: Vielen herzlichen Dank dafür!

Warum ich diese Bitte jetzt schreibe und nicht am Ende des Buches? Die Erfahrung zeigt, dass so etwas ganz am Ende schnell übersehen wird. Und jetzt: Seien Sie gespannt auf die Strategien, die noch folgen.

VERKAUFSSTARKE KUNDENNUTZEN FORMULIEREN IN 4 SCHRITTEN

Wenn man sich Webseiten, Prospekte und Broschüren oder auch Anzeigen ansieht bzw. bei Verkaufsgesprächen zuhört, so passiert das, worum es in diesem Buch geht, oft, ich behaupte sogar meist nicht. Es wird zu wenig bis gar nicht darauf geachtet, dass das Angebot in spezifische „Kundennutzen" verpackt wird. Selbst bei großen Unternehmen findet sich auf Webseiten oft viel zu wenig davon und auch ich selbst ertappe mich immer wieder dabei – bei kritischer Betrachtung meiner Seiten bzw. Verkaufsgespräche –, dass es ungenutztes Potenzial für mehr Kundennutzen gibt.

Die folgende Vorgehensweise sorgt dafür, dass Ihnen das in Zukunft weniger oft passiert – gar nicht mehr, wäre vielleicht zu vermessen. Wenn Sie sich an diese Strategie halten, dann werden Ihre Webseiten, Verkaufsmaterialien und Verkaufsgespräche in Zukunft noch stärker auf den Kundennutzen ausgerichtet und dadurch wirksamer sein und sich besser verkaufen.

Die Strategie besteht aus 4 aufeinanderfolgenden Schritten, wobei die Abfolge eine unterschiedliche ist, je nachdem ob Sie die Strategie im Marketing oder im Verkauf einsetzen.

Im Marketing:

- Schritt 1: Kundenbedürfnisse ermitteln (die Bedürfnisse der Zielgruppe, die nicht zwingend mit den Bedürfnissen jedes einzelnen angesprochenen Kunden übereinstimmen)
- Schritt 2: Produktmerkmale auflisten
- Schritt 3: Produktmerkmale in Produktnutzen übersetzen
- Schritt 4: Kundennutzen-Aussagen formulieren

Im Verkauf:

- Schritt 1: Produktmerkmale auflisten (in der Vorbereitung auf Verkaufsgespräche – diese sind für alle Gespräche dieselben)
- Schritt 2: Produktmerkmale in Produktnutzen übersetzen (auch das können Sie einmal als Basis für alle Gespräche machen)
- Schritt 3: individuelle Kundenbedürfnisse analysieren (im Verkaufsgespräch)
- Schritt 4: Kundennutzen-Aussagen formulieren (im Verkaufsgespräch)

Im Verkauf haben Sie das Produktnutzen (Schritt 2) bereits vorbereitet, können die Kundenbedürfnisse aber oft erst im Gespräch selbst analysieren.

Im Folgenden halten wir uns an die Abfolge im Marketing, die Sie aber für den Verkauf – mit geänderter Reihenfolge – inhaltlich genauso verwenden können. Mehr dazu bei den einzelnen Schritten.

SCHRITT 1: KUNDENBEDÜRFNISSE ERMITTELN

Da die Kundenbedürfnisse, wie erwähnt, die Basis des gesamten Konzeptes sind, geht es in einem ersten Schritt darum, diese zu analysieren bzw. zu ermitteln. Das ist etwas – so logisch das nach der bisherigen Lektüre des Buches auch klingen mag – womit sich die meisten Unternehmen und Unternehmer noch nie wirklich beschäftigt haben.

„*Es ging ja bisher auch so*", sagen viele an dieser Stelle. Ja, das stimmt, doch bei vielen mehr schlecht als recht. Und selbst bei denen, wo es gut ging, weil vielleicht zufällig die passenden Bedürfnisse angesprochen wurden, könnte es sehr viel besser laufen, wenn es Klarheit darüber gibt, was den potenziellen oder bestehenden Kunden wirklich wichtig ist.

Eine Sammlung aller Kundenbedürfnisse, die weiter vorne im Buch beschrieben wurden, und ein Arbeitsblatt für den 4-Schritte-Prozess, den wir hier gerade durchgehen, finden Sie im Ressourcenbereich zu diesem Buch. Holen Sie sich diese hier unter: https://www.romankmenta.com/bap-kundennutzen/. Diese Vorlage erleichtert Ihre Arbeit sehr, da Sie so immer alle potenziell relevanten Kundenbedürfnisse im Überblick haben.

Bei der Ermittlung der Kundenbedürfnisse muss man grundsätzlich zwischen Marketing und persönlichem Verkauf unterscheiden.

Bedürfnisanalyse im Marketing

Im Marketing geht es darum, die Bedürfnisse der Zielgruppe – etliche bis sehr viele Menschen bzw. ganze Organisationen – zu ermitteln und die Botschaften auf allen Kanälen wie Webseiten, Printmaterialien, Social-Media-Auftritten, Newslettern etc. auf diese auszurichten. Es geht dabei nicht um einen einzelnen Menschen. Mit Ihren Marketingmaßnahmen richten Sie sich an Ihre Zielgruppe, an die Gesamtheit Ihrer potenziellen Kunden.

Für Ihr Marketing benötigen Sie einen sogenannten Avatar oder auch idealen Kunden, der all das repräsentiert, wofür Ihre Zielgruppe steht. Die Bedürfnisse des Avatars sind die Bedürfnisse Ihrer Zielgruppe.

Eine Vorlage zur Definition Ihres Avatars finden Sie im Ressourcenbereich zu diesem Buch zum Download – einerseits für Einzelpersonen, andererseits aber auch für Unternehmen. Wenn Sie an Unternehmen verkaufen, sollten Sie auch einen Unternehmensavatar haben. Dieser Avatar erleichtert Ihnen Ihre Marketingarbeit in vielerlei Hinsicht. Es ist sehr viel einfacher, z. B. einen Blogbeitrag zu schreiben, wenn man den Kunden, für den man schreibt – den Avatar – vor dem geistigen Auge hat. Ich habe auch schon erlebt, dass Unternehmen einen Schritt weiter gegangen sind und Ihrem Avatar in Form einer Pappfigur sogar etwas „Leben" eingehaucht haben.

Wenn es um die Bedürfnisse Ihrer Zielkunden geht, kommt es auch darauf an, in welcher Situation Sie sich befinden. Wenn Sie mit Ihrem Business oder einem bestimmten Angebot gerade starten, geht es im Grunde gar nicht so sehr um eine Analyse. Vielmehr können Sie mehr oder weniger frei definieren, welche Kundenbedürfnisse Sie mit Ihrem Angebot ansprechen wollen. Sie können dann Ihr Business und Ihre Angebote von Beginn an ganz gezielt an den Bedürfnissen Ihrer Zielkunden ausrichten. Das wäre der ideale Weg.

Wenn Sie – wie wahrscheinlich viele Leserinnen und Leser – bereits ein laufendes Geschäft mit bestehenden Kunden haben, geht es mehr darum, diese besser kennenzulernen und herauszufinden, was genau diese bewegt und was ihnen besonders wichtig ist. Nur weil man schon seit Jahren mit einem Kunden arbeitet, heißt das noch lange nicht, dass man diesen auch wirklich kennt.

Die Methoden, die Sie zur Bedürfnisanalyse im Marketing anwenden können, sind:

- Umfragen bei einer größeren Zahl von Kunden – ggf. auch bei allen (zumal ohnehin immer nur ein Teil antworten wird)

- Einzelgespräche – Sehr interessante Informationen können Sie aus einzelnen, ausführlichen Gesprächen mit Kunden gewinnen. Diese sollten abseits vom normalen Tagesgeschäft ohne jegliche Verkaufsabsicht geführt werden – Eine entspannte Atmosphäre, vielleicht bei einem Essen, ist sicher hilfreich.

- Kleingruppen – Solche Intensivinterviews können Sie auch mit Kleingruppen führen. Eine Methode, die in der Marktforschung oft angewandt wird. Durch die Teilnahme mehrerer Personen können dabei ganz andere Dynamiken entstehen als im Einzelgespräch, wodurch andere Informationen zu Tage gefördert werden.

Professionelle Umfragen lassen sich heutzutage sehr einfach und kostengünstig erstellen. Tools wie Surveymonkey (Link auf der Ressourcenseite https://www.romankmenta.com/bap-kundennutzen/) helfen dabei. Ich habe vor kurzem erst wieder eine gemacht. Um Menschen zur Teilnahme einzuladen, habe ich eine E-Mail mit dem Umfragelink an eine Liste mit etwa 500 Leuten verschickt, die sich vorher schon für das Thema – es ging um Expertenbücher – interessiert hatten. Zusätzlich habe ich den Link mit ein paar erklärenden Worten auf meinen Social-Media-Kanälen gepostet. Das Ergebnis waren ca. 50 Antworten, was mir reichte, um mir ein gutes Bild von den Bedürfnissen meiner Zielgruppe zu machen und darauf aufbauend die passenden Angebote zu gestalten.

In Einzelgesprächen und Kleingruppeninterviews können Sie im Prinzip dieselben Fragen stellen wie in Umfragen – und das sollten Sie auch. Gute Fragen finden Sie im nächsten Abschnitt zum Thema „Bedürfnisanalyse im Verkauf". Diese werden Ihnen helfen, die wahren Bedürfnisse Ihrer Zielgruppe herauszufinden. Der Vorteil ist allerdings, dass Sie in Einzel- und Gruppeninterviews sehr viel mehr in die Tiefe gehen können als in standardisierten Umfragen und qualitativ betrachtet oft mehr erfahren.

Oft entsteht der Eindruck, dass solche Vorgehensweisen nur etwas für größere Unternehmen sind. Dem möchte ich dezidiert widersprechen. Auch Einzelunternehmer können und sollten unbedingt solche Gespräche mit ihren Kunden führen bzw. Umfragen machen. Der (technische) Aufwand ist sehr viel geringer als oft befürchtet und der Nutzen, den Sie daraus ziehen können, ist enorm.

Wie auch immer Sie es anstellen, Sie brauchen eine solide Kenntnis der Bedürfnisse Ihrer Kunden, um Ihre Marketingmaßnahmen effektiv umsetzen zu können. Ansonsten wird sehr vieles wirkungslos verpuffen.

Bedürfnisanalyse im Verkauf

Etwas anders ist die Situation bzw. die Vorgehensweise bei der Bedürfnisanalyse im Verkauf. Hier handelt es sich im Normalfall um ein Gespräch mit einem einzelnen Kunden bzw. einer sehr kleinen Gruppe (z. B. ein Ehepaar oder ein Entscheidungsgremium im B2B-Geschäft).

In Geschäftsbereichen, wo es Verkäufer hauptsächlich mit wiederkehrenden Stammkunden zu tun haben, ist es etwas einfacher. Man hat wiederholte Kontakte und daher auch mehr Zeit, den Kunden und seine Bedürfnisse besser kennenzulernen. Wenn der Verkäufer die Kundenbedürfnisse in einem (ersten) Kontakt einmal erkannt bzw. zugeordnet hat, kann er diese im nächsten Kontakt bereits nutzen.

Schwieriger ist es bei Einmalkontakten und Laufkundschaften, wie es in vielen klassischen Einzelhandelssituationen der Fall ist. Da gilt es, die Kundenbedürfnisse zu erkennen und dieses Wissen dann – im selben Gespräch – gleich auch anzuwenden. Besonders bei beratungsintensiven Verkaufssituationen – wie im Autohandel, im Modebereich oder auch bei manchen Produkten der Haushaltselektronik – ist das Arbeiten mit Kundenbedürfnissen sehr wichtig. Mein Erlebnis mit der Kindersicherung, das ich eingangs geschildert habe, hat das deutlich vor Augen geführt.

Die 3-stufige Bedürfnisfrage

Die einfachste Form, in solchen Situationen die Bedürfnisse Ihres Gegenübers rasch herauszufinden, ist, danach zu fragen. Um Kundenbedürfnisse professionell zu erfragen und dabei möglichst viel herauszufinden, empfehle ich die folgende 3-stufige Fragetechnik.

Stufe 1

Zum Einstieg in diese Strategie können Sie Fragen folgender Art stellen:

- *„Was ist Ihnen wichtig, wenn Sie XY kaufen?“*
- *„Worauf legen Sie besonderen Wert, wenn Sie sich für einen AB entscheiden?“*
- *„Worum geht es Ihnen in Bezug auf XYZ?“*

gerne auch in Ihrer eigenen Formulierung. Speziell bei neuen Kundenkontakten empfehle ich, solche Fragen IMMER zu stellen. Manche Kunden werden rasch eine oder mehrere Antworten parat haben und aufzählen. Wenn Sie meinen, dass da noch mehr relevante Antworten kommen könnten, fragen Sie ein- oder auch mehrmals nach:

- *„Und was noch?“*

Andere müssen über diese Frage selbst erst nachdenken, was auch sehr gut ist, um Ihnen eine Antwort geben zu können. Sollte das Nachdenken keine (brauchbaren) Resultate zu Tage fördern, fassen Sie mit offenen, geschlossenen oder auch alternativen Fragen nach:

- *„Wie wichtig ist es Ihnen, dass die Fehlerquote sehr gering ist?“*
  (Bedürfnisse: Sicherheit, Problemfreiheit)
- *„Ist es wichtig für Sie, neue Technologien schneller als die Konkurrenz einzusetzen?“*
  (Bedürfnisse: Fortschritt, Wachstum, Prestige, Anerkennung)
- *„Ist Ihnen eine erprobte und gut funktionierende Lösung besonders wichtig, oder probieren Sie gerne auch einmal etwas Neues aus?“*
  (Bedürfnisse: Sicherheit / Problemfreiheit vs. Abwechslung / Freiheit).

Dabei ist eine offene Fragestellung á la *„Was ist Ihnen wichtig in Bezug auf ...?“* in jedem Fall vorzuziehen. Fragen, in denen gewisse Antwortalternativen angedeutet oder sogar vorgegeben sind, sind nur eine Notlösung für Fälle, in denen sonst gar keine Antwort kommen würde. Mit dieser Art Fragen kann der Kunde nicht mehr vollkommen frei antworten und Sie reduzieren die Chance, die wahren Beweggründe Ihres Kunden zu erfahren.

Stufe 2

Oft werden Sie auch Antworten in Form von Nominalisierungen (Adjektive, die zu Hauptwörtern gemacht wurden, wie z. B. gesund > Gesundheit, frei > Freiheit, unabhängig > Unabhängigkeit etc.) erhalten. Mit diesen werden oft Werte ausgedrückt. Damit sind Sie zwar auf der richtigen Spur, allerdings noch nicht an des Pudels Kern angelangt. Sie wissen nicht, was z. B. Sicherheit für Ihren Kunden bedeutet. Sicherheit kann (und wird vermutlich) für Sie eine ganz andere Bedeutung haben, wie für mich und wieder eine andere für Ihren Kunden.

Daher sollten Sie in einem nächsten Schritt genau dort mit einer Frage ansetzen:

- *„Sie sagen, Sicherheit ist Ihnen wichtig. Was meinen Sie damit denn genau? Was verstehen Sie unter Sicherheit?“*

Alternativ bzw. zusätzlich können Sie fragen:

- *„Woran merken Sie, dass Sie Sicherheit haben?“*
- *„Woran merken Sie, dass Sie sicher sind?“*
- *„Wie fühlt sich Sicherheit für Sie an?“* – eine emotionale Frage
- *„Was sind die Kriterien, die erfüllt sein müssen, damit Sie sich sicher fühlen können?“* – eine rationale Frage

Nicht alle dieser Varianten passen für jede Verkaufssituation bzw. jedes Produkt oder jede Dienstleistung. Deshalb habe ich für Sie Unterschiedliche aufgelistet. Verwenden Sie diejenigen, die für Ihre Verkaufsgespräche und Kunden gut passen und vor allem auch für Sie als Verkäufer stimmig sind.

Stufe 3

Doch oft reicht auch das Nachfragen mit *„Was noch?“* und das Konkretisieren der Werte mit *„Was genau verstehen Sie unter XY?“* noch nicht, um zu den wahren, tief sitzenden Bedürfnissen vorzudringen. Wenn Sie an den Antworten merken, dass diese immer noch relativ nah an der Oberfläche sind und die wahren Motive und Beweggründe tiefer liegen, dann stellen Sie eine noch tiefer gehende Frage, die nach dem „Warum“ fragt.

- Verkäufer: *„Was ist Ihnen wichtig, wenn Sie ein neues Auto kaufen?“*
  Kunde: *„Ein gutes Preis- / Leistungsverhältnis.“*
  Nicht, dass das Preis- / Leistungsverhältnis keine Bedeutung haben würde, aber das klingt nach einer relativ oberflächlichen Antwort, einer, die schon oft gehört wurde und ohne groß nachzudenken reproduziert werden kann.
  Daher fragen Sie als Verkäufer weiter: *„Und was noch?“*
  Kunde: *„Nachdem ich viel fahre, ist Sicherheit wichtig für mich.“*
  Verkäufer: *„Verstehe, Sicherheit ist Ihnen wichtig. Nachdem Sicherheit für jeden etwas anderes bedeutet – darf ich fragen, was Sicherheit für Sie bedeutet? Wann fühlen Sie sich sicher?“*
  Kunde: *„Soweit ich weiß, wird die Sicherheit von Fahrzeugen ja getestet. Gibt es da nicht diese offiziellen Crashtests, bei denen dann Punkte vergeben werden? Da sollte das Fahrzeug gut abschneiden.“*
  Verkäufer: *„Verstehe. Viele Sterne beim Crashtest sind wichtig für Sie?! Darf ich Ihnen noch eine Frage stellen, die vielleicht etwas eigenartig klingt?“*
  Kunde: *„Ja, fragen Sie mal.“*
  Verkäufer: *„Sicherheit ist natürlich ein wichtiges Thema bei Autos und ist in hohem Maße bei all unseren neuen Fahrzeugen gegeben. Aber nachdem*

Sie das Thema aufgebracht haben, darf ich fragen, ***WARUM*** *Ihnen Sicherheit eigentlich wichtig ist?"*
Kunde: *„Wissen Sie, ich bin ein erfahrener Autofahrer und war noch nie in gröbere Unfälle verwickelt. Aber ich bin viel unterwegs und meine Frau macht sich oft viel zu viele Sorgen, wenn ich lange Strecken fahre. Vor allem nachts. Und ich möchte nicht, dass Sie sich so viele Sorgen macht. Ich muss gestehen, das belastet auch mich. Daher will ich ein Fahrzeug, dass meiner Frau die Sorgen nimmt."*

Bevor wir in eine Therapiesitzung abschweifen – und Sie merken daran, wie nahe sich gutes Verkaufen und Coaching bzw. sogar Therapien sind –, beende ich das Gespräch hier. Merken Sie, dass wir jetzt des Pudels Kern, die wahren Beweggründe, die echten Kaufmotive oder zumindest einen davon entdeckt haben? Dieser Kunde ist gerne bereit, mehr Geld auszugeben, wenn seine Frau sich dafür weniger Sorgen macht. Wenn Sie das in einen Slogan verpacken, haben Sie einen potenziellen Gewinner:

- *„Wir sorgen dafür, dass sich Ihre Familie keine Sorgen mehr macht, wenn Sie unterwegs sind."*

Gar nicht schlecht, oder? Im Verkaufsgespräch könnten Sie das Bild von der Frau, die voller Sorge zu Hause auf die Rückkehr Ihres Kunden wartet, natürlich wunderbar verwenden. Sie haben ein sehr starkes und hoch emotionales Kaufmotiv, das Sie Ihrem Ziel, dem Abschluss, deutlich näherbringt.

Frageerlaubnis und Fragebegründungen

Vor allem dann, wenn Sie etwas tiefergehende Fragen stellen wollen, wie im vorherigen Beispiel, könnte das Ihrem Kunden bisweilen ein wenig „seltsam" erscheinen. Das ist grundsätzlich gar nicht schlecht. Es sind genau jene Fragen, die seltsam erscheinen, die ungewöhnlich sind, über die der Kunde erst nachdenken muss, bevor er eine Antwort geben kann, die oft die interessantesten Antworten ergeben.

Doch damit Sie diese Fragen auch stellen dürfen und Antworten erhalten, ist es ratsam, die Frage ein wenig zu unterstützen. Und das geht, indem Sie eine Frageerlaubnis einholen bzw. eine Begründung für die Frage liefern, oder manchmal auch beides.

Ein paar Beispiele dafür:

- *„Darf ich Ihnen eine Frage stellen?"* – eine einfache Frageerlaubnis
- *„Damit ich besser verstehe, was Sie benötigen, darf ich Ihnen eine Frage stellen?"* – eine Begründung in Kombination mit einer Frageerlaubnis
- *„Darf ich Ihnen eine etwas eigenartig klingende Frage stellen?"* – eine Frage mit einer Einwandvorwegnahme „eigenartig klingend" und einer Frageerlaubnis

Je spezieller Ihre Frage nach dem Warum in dieser Situation klingen könnte, desto umsichtiger müssen Sie diese formulieren, um vom Kunden eine ehrliche Antwort zu erhalten.

Da Fragen und die Fähigkeit, professionell und richtig gut damit umgehen zu können, in jeglicher Kommunikation extrem wichtig sind, möchte ich Ihnen das Buch „Gut gefragt ist halb verkauft“ sehr ans Herz legen (Link im Ressourcenbereich https://www.romankmenta.com/bap-kundennutzen/). Darin finden Sie alles über professionelle Fragetechniken und wie Sie diese erfolgreich in allen Phasen Ihrer Verkaufsgespräche einsetzen. Wenn Sie dazu ein weiterführendes Buch lesen sollten, dann dieses. Erhältlich unter www.romankmenta.com/shop

Die Antworten des Kunden ordnen Sie dann den entsprechenden Bedürfniskategorien zu. Daher empfiehlt es sich, die vorher erwähnte Liste aller Kundenbedürfnisse in den Verkaufsunterlagen dabei zu haben und vor bzw. zwischen Verkaufsgesprächen immer wieder einmal einen

Blick darauf zu werfen, so lange bis Sie diese gut genug kennen, um damit zu arbeiten.

Achten Sie bei den Antworten nicht nur darauf, was Ihr Kunde inhaltlich antwortet, sondern auch darauf:

- in welcher Reihenfolge die Antworten kommen,
- mit welcher Emotionalität er antwortet und
- welche Worte er dabei verwendet.

Reihenfolge

Sie können davon ausgehen, dass jene Punkte, die der Kunde als erstes nennt, für ihn besonders wichtig sind. Punkt 5 nach der 2. Nachfrage wird naturgemäß weniger wichtig sein.

Emotionalität

Auch die Art, wie der Kunde sagt, was ihm wichtig ist, ist extrem aussagekräftig.

- *„Also, dass ich vom Balkon aus einen direkten Blick auf das Meer habe, ist ein absolutes MUSS für mich!"* (Bedürfnis: Genuss) – wie aus der Pistole geschossen und mit kräftiger Stimme gesagt, ist sicher ein wichtigerer Punkt für den Kunden als
- *„Naja, wenn wir vom Zimmer aus vielleicht auch das Meer sehen würden, wäre das nett"*, ganz am Ende noch erwähnt.

Zu den Worten, die Kunden verwenden, komme ich später noch ausführlicher zu sprechen.

Das bedeutet, dass Sie in einem Verkaufsgespräch, speziell in einem Erstkontakt, durchaus gefordert sind, was die Kundenbedürfnisse betrifft. Die richtigen Fragen stellen, gut zuhören, die richtigen Schlüsse daraus ziehen und dann noch diese Erkenntnisse in Ihre Produkt- oder Leistungspräsentation einbauen. Nicht immer einfach, aber mit etwas Übung absolut machbar und unbedingt notwendig.

Kundenbedürfnisse an anderen Anhaltspunkten erkennen

Doch nicht nur das, was Kunden sagen und wie sie das tun, ist wichtig. Oft ist es noch viel wichtiger, wie Sie sich verhalten.

„An ihren Taten sollt ihr sie erkennen!",

heißt es bereits in der Bibel. Verhaltensweisen von Kunden sind im weitesten Sinne oft sehr aufschlussreich, was ihre Bedürfnisse angeht. Speziell wenn die Verhaltensweisen den Aussagen deutlich widersprechen, haben die Verhaltensweisen oft mehr Glaubwürdigkeit. Oder einfach gesagt: Wenn ein Kunde sagt, Sicherheit sei ihm nicht so wichtig, dabei aber einen Gürtel und Hosenträger trägt und die Hose zudem noch gut festhält, ist die Wahrscheinlichkeit, dass er seine Bedürfnisse falsch einschätzt oder (sich selbst be-) lügt recht hoch.

Was sind nun solche Dinge, die Rückschlüsse auf Kundenbedürfnisse zulassen können? Ein paar Beispiele dazu:

- das Kundenverhalten ganz generell,
- das Auftreten und die Körpersprache,
- die Dinge und Besitztümer des Kunden,

    - Die Oberklasse Limousine, die teure Uhr oder das Markenkostüm sind ein Hinweis auf die Bedürfnisse nach Anerkennung und Prestige.
    - Das neueste Smartphone, das gerade erst vor ein paar Tagen auf den Markt gekommen ist, kann ein Indiz für ein Bedürfnis nach Fortschritt oder auch Anerkennung sein.

- seine Kleidung,
    - Billige Kleidung im Business kann entweder ein Hinweis auf schlechten Geschmack oder auf das Kundenbedürfnis „Kosten sparen" sein.
- die Urlaubsreisen,
    - Menschen, denen Sicherheit besonders wichtig ist, werden Reisen buchen, bei denen bereits alles vorgeplant und organisiert ist, natürlich auch entsprechende Versicherungen abschließen und auch jene Impfungen bei Fernreisen machen, die vielleicht nicht wirklich nötig wären.
- die Hobbys,
    - Bungee-Jumping, Fallschirmspringen, Wracktauchen oder auch Downhill-Mountainbiking sind wahrscheinlich nicht die bevorzugten Hobbys von Sicherheitsfanatikern.

- der Wohnort und wie oft er gewechselt wird,
  - Häufige Wohnortwechsel können auf ein starkes Bedürfnis nach Abwechslung hinweisen.
- der Partner bzw., ob es einen gibt,
- die Mitarbeiter,
- Bilder und Fotos an den Wänden,
  - Die Fotos, die Ihren Kunden händeschüttelnd mit Promis zeigen, können auf ein Bedürfnis nach Prestige und Anerkennung hinweisen.
- Trophäen
  - Pokale von Golfturnieren oder Ähnlichem.

In Ihrer täglichen Geschäftspraxis werden Sie noch sehr viel mehr Indizien finden, die Rückschlüsse auf Kundenbedürfnisse zulassen. Halten Sie Augen und Ohren offen und Sie werden Vieles wahrnehmen, was Ihnen bisher entgangen ist.

Oft können auch Kleinigkeiten sehr aufschlussreich sein. Ganz dem Motto:

„How you do anything, you do everything"

lassen diese Rückschlüsse auf generelle Verhaltensweisen und Einstellungen zu. Wer zum Geschäftsessen in die Wurstbude einlädt, ist möglicherweise auch sonst sehr sparsam unterwegs. Wenn jemand das bereits bedruckte Abfallpapier im Büro, statt es wegzuwerfen, auch noch auf der Rückseite bedruckt, kann das sein, weil ihm Kosten sparen wichtig ist oder auch weil er damit einen nachhaltigen Beitrag zum Allgemeinwohl leisten will.

Ein wichtiger Hinweis dazu: All das sind Indizien und so wie eine Schwalbe noch keinen Sommer macht, lässt auch ein einzelnes Indiz noch keinen verlässlichen Rückschluss auf ein stark ausgeprägtes Kundenbedürfnis zu. Sammeln Sie Indizien, möglichst viele davon, bevor Sie – vielleicht zu vorschnell – zu interpretieren beginnen.

Zusammenfassung Bedürfnisanlayse und -definition

Zusammenfassend kann man sagen, egal ob Sie die Strategie im Marketing, im Verkauf oder in beiden Bereichen einsetzen, sorgen Sie dafür, dass Sie die Bedürfnisse Ihrer Kunden möglichst gut kennen. Das ist die Basis für erfolgreiche Geschäfte. Ohne ausreichende Kenntnis der wahren Gründe, aus denen Ihre Kunden gerne kaufen, ist etwas verkaufen zu wollen ein Glücksspiel, das sehr oft nicht gelingen wird.

SCHRITT 2: PRODUKTMERKMALE AUFLISTEN

Jetzt, wo Sie die Kundenbedürfnisse kennen, können Sie die Merkmale Ihrer Produkte und Leistungen auflisten. Das ist im Normalfall eine recht einfache Aufgabe, da diese Auflistungen von Merkmalen in den meisten Unternehmen nicht nur ohnehin vorhanden sind, sondern – wie erwähnt – oft einen zu großen Stellenwert haben.

Merkmale können bei physischen Produkten Konstruktions- oder Ausstattungsdetails, Materialien, Farben und vieles mehr sein. Auch Dienstleistungen haben eine Reihe spezifischer Merkmale – Dauer, Ausführender, Uhrzeit, verwendete Materialien etc. Werfen Sie am besten – zur Auffrischung – nochmals einen Blick auf den Abschnitt weiter vorne im Buch, wo Sie das ausführlich aufgelistet finden.

Denken Sie dabei auch an die allgemeinen Merkmale Ihres Unternehmens. So kann etwa die Tatsache, dass es ein Unternehmen bereits seit 100 Jahren gibt, ein Merkmal sein, dass es das Kundenbedürfnis nach Sicherheit erfüllen könnte. Auch die Tatsache, dass ein Unternehmen Marktführer ist, kann dem Sicherheitsbedürfnis entsprechen oder aber auch am Kundenbedürfnis nach Prestige und Anerkennung andocken oder, oder, oder. Wie bereits erwähnt können Produktmerkmale letztlich in unterschiedlichste

Kundennutzen übersetzt werden. Und das ist genau das Thema, das uns im nächsten Schritt intensiv beschäftigen wird.

SCHRITT 3: PRODUKTMERKMALE IN PRODUKTNUTZEN ÜBERSETZEN

Was diesen Schritt betrifft, so sind Sie als Marketer und Verkäufer „Übersetzer“. Ihre Aufgabe ist es, die vielen Produkt-, Leistungs- oder auch Unternehmensmerkmale in Produktnutzen zu übersetzen bzw. die Merkmale bestimmten Bedürfnissen zuzuordnen.

Am Beispiel eines Autos könnte das etwa so aussehen:

Merkmale	**Produktnutzen (Bedürfnisse)**
245 PS	kann schnell überholen (Bedürfnis: Sicherheit)
245 PS	ist schneller am Ziel (Bedürfnis: Zeitersparnis)
245 PS	hat Power (Bedürfnis: Prestige / Anerkennung)
Lederausstattung	wirkt teuer und edel (Bedürfnis: Prestige / Anerkennung)
Lederausstattung	pflegeleicht, wenn im Auto viel gekleckert wird (Bedürfnis:

	Einfachheit / Problemfreiheit, Zeitersparnis oder auch Kosten sparen)
Abstandsassistent	hält ausreichend Abstand zum vor Ihnen fahrenden Auto (Bedürfnis: Sicherheit oder auch Bequemlichkeit)
Abstandsassistent	ist ein ganz neues technisches Feature (Bedürfnis: Fortschritt / Prestige / Anerkennung)

Sie sehen schon, wenn man das für ein so komplexes Produkt wie ein Auto gewissenhaft macht, ergibt das eine ganz schön lange Liste. Sie müssen es nicht übertreiben, aber für die wichtigsten Merkmale, vor allem auch für jene, auf die in der Werbung deutlich hingewiesen wird und die das Produkt vielleicht vom Konkurrenten unterscheiden, ist es eine Übung, die einmal durchzuführen, sich absolut bezahlt macht.

Checken Sie dabei systematisch für jedes wesentliche Merkmal, zu welchen Bedürfnissen dieses passt, in welche Produktnutzen sich das Merkmal übersetzen lässt. Dabei kann es bisweilen durchaus in Ordnung oder sogar erforderlich sein, um die Ecke zu denken. Die Lederausstattung mit Zeitersparnis in Zusammenhang zu bringen – man braucht weniger Zeit zum Reinigen bzw. muss diese weniger oft reinigen –, mag weit hergeholt erscheinen, kann aber durchaus Sinn ergeben, wenn der Kunde regelmäßig 3 kleine Kinder und einen Hund im Auto transportiert.

Das ist genau der Punkt, an dem es in Schritt 4 spannend wird. Schritt 3 – das Übersetzen von Merkmalen in Produktnutzen ist noch recht allgemein gehalten. In Schritt 4 wird es deutlich spezifischer und punktgenauer.

SCHRITT 4: KUNDENNUTZEN-AUSSAGEN FORMULIEREN

In diesem letzten Schritt geht es nun darum, die richtigen Produktnutzen auszuwählen und diese in Botschaften an Ihre Kunden zu verwandeln. Diese Botschaften finden sich dann als geschriebene Worte und Sätze z. B. auf Ihrer Webseite wieder oder werden in Form gesprochener Worte in einem Verkaufsgespräch übermittelt.

Was sind nun die richtigen Botschaften? Ganz einfach: Die richtigen, wichtigen Botschaften sind jene Produktnutzen, die den Bedürfnissen Ihrer Kunden entsprechen. Diese werden dadurch zu Kundennutzen, wie die Grafik nochmals deutlich macht. All das, was sich letztlich in der Schnittmenge befindet, ist das, was Ihre Kunden wirklich bewegt und für den Erfolg Ihres Geschäftes entscheidend ist.

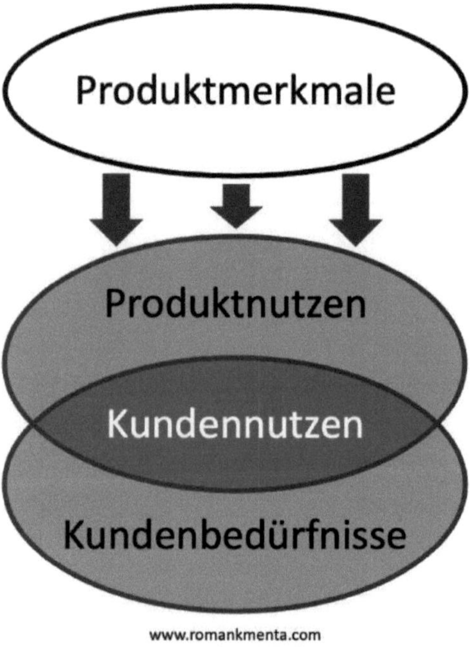

Es geht um die individuelle Ausformulierung von Botschaften für das Marketing oder direkt im Verkaufsgespräch. Dadurch werden aus den allgemein gehaltenen Produktnutzen-Aussagen, sehr spezifische Kundennutzen-Argumente.

Beispiele für Kundennutzen-Argumente im Verkauf

Wenn Sie im Verkaufsgespräch Nutzenargumente formulieren, dann lassen Sie hier alles, was Sie im Gespräch erfahren haben und das relevant sein könnte, einfließen.

Ein paar Beispiele dazu:

- *„Sie haben ja gesagt, dass Sie 60.000 km pro Jahr fahren und Ihnen* ***Sicherheit*** *wichtig ist. Der neue V-*

Tec-Motor mit 220 PS sorgt dafür, dass sich Ihre Frau und Ihre Kinder keine Sorgen machen müssen, wenn Sie so viel unterwegs sind."

- *„Sie erwähnten, dass Sie immer wieder Probleme mit den Bandscheiben haben und Sie deshalb besonders auf Ihre* ***Gesundheit*** *achten. Dadurch, dass dieser Staubsauger nur ein Drittel des Gewichtes vergleichbarer Geräte hat und das bei sogar besserer Leistung, schonen Sie Ihren Rücken maximal."*
- *„Für diese Variante investieren Sie einen höheren Monatsbeitrag und haben dafür auch die Garantie, dass wir uns innerhalb von 60 Minuten um Störungen kümmern und diese rasch lösen, falls überhaupt welche auftreten. Nachdem Sie gesagt haben, dass Sie sich selbst nicht damit beschäftigen wollen und die Anlage einfach nur* ***problemfrei*** *laufen soll, dachte ich mir, das ist die passende Variante für Sie."*

Sie sehen schon, dass es hier sehr individuell und persönlich wird. Auch Emotionen spielen eine Rolle, doch dazu gleich noch mehr. Das Resultat: Der Kunde fühlt sich verstanden und in seiner Situation abgeholt. Er bekommt den Eindruck, genau das passende Produkt bzw. die passende Leistung präsentiert zu bekommen.

Beispiele Kundennutzen-Argumente im Marketing

Auch für das Marketing wird es bei diesem Schritt individuell – aber eben nicht auf der Ebene von einzelnen Kunden, sondern auf Zielgruppenebene. Es werden die wesentlichen

Kundenbedürfnisse der Zielgruppe bzw. des erwähnten Avatars adressiert.

Auch dazu einige Beispiele:

- *„Die gute Nachricht für Vielfahrer: Der neue V-Tec-Motor sorgt mit seinen Leistungsreserven für mehr* ***Sicherheit*** *beim Überholen."*
- *„Rückenprobleme? Kein Problem! Mit nur einem Drittel des Gewichtes von herkömmlichen Staubsaugern achtet der XYZ nicht nur auf Sauberkeit in Ihrer Wohnung, sondern auch auf Ihre Gesundheit."*
- *„Der Sorgenfrei-Tarif für alle, die wollen, dass wir ihre Probleme lösen. Wir kümmern uns um etwaige Störungen innerhalb von 60 Minuten – garantiert!"*

Das sind im Prinzip dieselben Aussagen wie oben im Verkauf, nur etwas allgemeiner gehalten. Sie sehen also, die Grundidee der Strategie ist sehr flexibel einsetzbar und auf verschiedenste Situationen anwendbar.

Zusammenfassung Kundennutzen-Formulierung

Zusammengefasst nochmals die 4 Schritte für wirksame Kundennutzen-Aussagen:

Im Marketing:

- Schritt 1: Kundenbedürfnisse ermitteln
- Schritt 2: Produktmerkmale auflisten
- Schritt 3: Produktmerkmale in Produktnutzen übersetzen

- Schritt 4: Kundennutzen-Aussagen formulieren

Im Verkauf:

- Schritt 1: Produktmerkmale auflisten (in der Vorbereitung)
- Schritt 2: Produktmerkmale in Produktnutzen übersetzen (in der Vorbereitung)
- Schritt 3: Kundenbedürfnisse analysieren (im Verkaufsgespräch)
- Schritt 4: Kundennutzen-Aussagen formulieren (im Verkaufsgespräch)

Spezialtipps für Kundennutzen-Formulierungen

Um Ihnen das Formulieren von Kundennutzen noch leichter zu machen bzw. diesen noch passender und wirksamer zu formulieren, finden Sie nachfolgend noch eine Reihe spezieller Tipps und Strategien.

Kundenspezifische Worte verwenden

Wie weiter oben bereits erwähnt, sollten Sie in Verkaufsgesprächen auch darauf achten, welche Worte, Redewendungen und Ausdrücke Ihr Kunde verwendet. Diese sind speziell dann interessant, wenn sie etwas außerhalb des üblichen Wortschatzes sind. Je ungewöhnlicher, desto interessanter für Sie, vor allem dann, wenn Ihr Kunde diese Worte auch noch häufig verwendet. Oft sind es richtige Lieblingsworte, die Kunden verwenden. Der Vorteil dabei ist, dass Ihnen solche ungewöhnlichen Worte auch viel eher auffallen.

Um klarer zu machen, was damit gemeint ist, ein paar Beispiele dazu. Die fettgedruckten Ausdrücke sind die ungewöhnlich, auffallenden – zumindest für meine Ohren:

- *„Ich finde, das ist* ***exorbitant*** *viel."*
- *„Was ich mir wünsche, ist* ***maximale Problemfreiheit****."*
- *„Ich halte das für* ***suboptimal****."*
- *„Ich will mich nicht mit* ***Kinkerlitzchen*** *beschäftigen müssen."*

Wenn Sie solche Worte in Ihre Formulierungen einbauen, dann verstärken Sie die Wirkung. Unbewusst ist der Kunde für seine „Lieblingsworte" sehr viel empfänglicher. Ihre Botschaft wird viel leichter akzeptiert.

Ein Verkäufer könnte zum Beispiel solche Formulierungen verwenden:

- *„Mit diesem Modell haben Sie* ***exorbitant*** *viele Möglichkeiten."*
- *„Unser 24/7-Tarif garantiert Ihnen* ***maximale Problemfreiheit****."*
- *„An der falschen Stelle zu sparen ist oft* ***suboptimal****."*
- *„Egal, welche* ***Kinkerlitzchen*** *auch auftreten könnten, wir kümmern uns für Sie darum."*

Was diese Vorgehensweise sehr einfach macht, ist, dass sie keine Kreativität erfordert. Sie müssen dafür nur gut zu- und hinhören, um wahrzunehmen, was Ihr Kunde so sagt und in welche Worte er es verpackt. Und dann verwenden Sie einfach dieselben Ausdrücke in Ihren Aussagen.

Fachausdrücke verwenden

Oft wird der Fehler gemacht, dass Verkäufer Fachausdrücke verwenden, die Kunden nicht verstehen. Umgekehrt, wenn der Kunde dieser Fachsprache kundig ist und sie auch spricht, ist es empfehlenswert, Fachworte in Ihre Kundennutzen-Argumentation ganz bewusst und gezielt einzubauen.

Zielgruppenspezifische Worte verwenden

Doch das Konzept ist nicht nur im Verkauf, sondern auch im Marketing anwendbar. Nicht nur Einzelpersonen, sondern auch ganze Kundenzielgruppen haben bisweilen sehr spezielle Worte. Bei manchen Zielgruppen – bei Jugendlichen in manchen Bereichen und Altersklassen etwa – ist das so extrem ausgeprägt, dass man beinahe den Eindruck haben könnte, dass es sich um eine eigene Sprache handelt.

Diese „Sprache“ gilt es für das Marketing zu kennen, zu lernen und anzuwenden, damit die Botschaften auf offene Ohren treffen.

Metaphern verwenden

Manche Kunden oder auch Zielgruppen kommunizieren in einer Metaphernwelt, die Sie im Verkauf und im Marketing nutzen können. Diese Metaphernwelt kann z. B. Hobbys wie der Jagd, Fußball oder auch Golf entspringen.

Ein Kunde, Vertriebsleiter eines Großbetriebes, der viel für Fußball übrighatte, sagte vor Jahren einmal zu mir: *„Herr Kmenta, meine Verkäufer brauchen mehr Zug auf's Tor."* Diese spezielle Formulierung fiel mir auf. Bei der Präsentation meines Trainingskonzeptes brachte ich dann Formulierungen wie: *„Mit diesem Konzept steigt die Wahrscheinlichkeit, dass Ihr Verkaufsteam die Freistöße verwandelt, enorm an."* Ob ich den Zuschlag für das Projekt damals deshalb erhalten habe, weiß ich natürlich nicht mit 100-prozentiger Sicherheit, aber diese sehr kundenorientierten Formulierungen haben sicher dazu beigetragen.

Emotion statt nur Ratio

Emotionen verkaufen! – Diese Aussage ist nicht neu und dennoch sehe ich sehr viele Webseiten, auf denen zu viel Rationalität herrscht. Auch in persönlichen Verkaufsgesprächen, speziell, aber nicht nur im technischen Bereich, geht es oft viel zu sachlich und rational zu. Auch Kunden – danach gefragt – schieben rationale, vernünftige Argumente oft vor – vielleicht, weil das das sozial anerkannte ist und daher besser akzeptiert wird –, was sie aber wirklich bewegt, sind die emotionalen Argumente.

- Verkäufer: *„Was ist Ihnen wichtig, wenn Sie ein Auto kaufen?"*
  Kunde sagt: *„200 PS sollte es schon mindestens haben. Wissen Sie, ich fahre viel auf Landstraßen und da ist es viel sicherer, auch mal rasch überholen zu können."*

Kunde meint in Wirklichkeit: *„Es ist einfach ein geiles Gefühl, viele PS unter der Haube zu haben und wenn es richtig abgeht, wenn ich mal kurz auf das Gas steige."*

Das wagen die Wenigsten so auszusprechen, daher braucht es Verkäufer, die auch diese versteckten Botschaften verstehen.

Viele Profis in Marketing und Werbung für große und bekannte Namen setzen massiv auf Emotionen, um Kundenbedürfnisse zu befriedigen.

Emotionale Nutzenargumentation – Beispiele aus der Werbung:

- *„Dann klappt es auch mit dem Nachbarn."* (Calgonit – Bedürfnis: Verbindung mit anderen)
- *„Red Bull verleiht Flügel."* (Bedürfnis: Wachstum)
- *„Nespresso, what else?"* (Bedürfnis: Prestige / Genuss)
- *„Aus Freude am Fahren!"* (BMW – Bedürfnis: Genuss)

Red Bull sagt nicht etwa: *„Der Koffeingehalt einer Dose sorgt dafür, dass Sie eine Stunde länger wach bleiben"*, sondern: *„Red Bull verleiht Flügel."* Das ist sehr viel schlagkräftiger.

Bauen Sie (kurze) Stories, kleine Geschichten und Beispiele, Metaphern, Vergleiche und viel Emotion in Ihre Kundennutzen-Argumentation ein.

Beispiele für Vergleiche, die Kundenbedürfnisse adressieren:

- *„Bei uns ist Ihr Geld so sicher, wie in Fort Knox.“* (Bedürfnis: Sicherheit)
- *„Der Airbag für Ihr Depot im Falle eines Börsencrashs.“* (Bedürfnis: Sicherheit)
- *„Das ist der Mercedes unter den Fernsehern.“* (Bedürfnis: Prestige – schon etwas abgegriffen, aber immer noch klar)
- *„Auf dieser Matratze werden Sie schlafen wie ein Baby.“* (Bedürfnis: Genuss oder Gesundheit)

Solche Vergleiche, Metaphern und Geschichten werden Ihnen nicht spontan einfallen. Wenn Sie diese daher im Verkaufsgespräch einsetzen wollen, müssen Sie sich passende Beispiele vorab überlegen.

Bilder und Grafiken einsetzen

Unterstreichen Sie Ihre Kundennutzenargumente idealerweise mit passenden Bildern und Grafiken. Das ist im Marketing ohnehin der Normalfall. Doch auch im Verkauf können solche Elemente – bei entsprechender Vorbereitung – im Rahmen von Verkaufspräsentationen eingesetzt werden.

Welche Bilder fallen Ihnen spontan zum Thema Sicherheit ein?

- Ein Tresor,
- ein Sicherheitsgurt,
- ein Airbag,
- ein Zertifikat,

- ein Schloss,
- eine Waffe (zur Selbstverteidigung),
- ein Versicherungsvertrag,
- ein Security-Mann,
- eine Warnweste,
- eine Maske (spätestens seit Corona),
- ein Schutzengel und
- ein Schild.

Sammeln Sie passende Bilder, die zu allen möglichen Kundenbedürfnissen, aber auch zu Ihnen, Ihren Produkten und Dienstleistungen passen.

Beweise anführen

Ein ganz wesentlicher Punkt noch zum Abschluss dieses Abschnittes:

„You have to prove it!"

Sagen bzw. behaupten können Sie als Verkäufer vieles. *„Doch wer weiß, ob das stimmt, was mir der Verkäufer erzählt?"*, könnte sich Ihr Kunde berechtigterweise fragen. Schließlich behaupten viele Banken, dass Anlageformen sicher seien, doch sie sind es oft nicht, wie wir aus leidvoller Erfahrung wissen. *„Wir sind serviceorientiert!"*, heften sich auch viele Unternehmen auf die Fahnen, doch aus Sicht der Kunden sieht das anders aus. Wie also soll der Kunde wissen, ob das, was Sie behaupten, stimmt? Die Antwort auf diese

Frage ist vor allem dann wichtig, wenn er sie noch nicht gut oder überhaupt nicht kennt und keine Erfahrung mit Ihnen als Anbieter sammeln konnte.

Was Sie daher brauchen, sind Beweise. Kundennutzen wie „Sicherheit“ oder „Problemfreiheit“ sind bisweilen gar nicht einfach zu beweisen. Wie können Sie es dennoch schaffen? Dafür gibt es drei Möglichkeiten, die Sie auch in Kombination einsetzen können:

- konkrete Angaben, Zahlen, Daten und Fakten,
- glaubwürdige Referenzaussagen anderer Kunden, Medien oder unabhängiger Stellen und
- Garantien.

Alle drei Varianten möchte ich Ihnen am frei erfundenen Beispiel eines Softwareanbieters für Produktionsanlagen erläutern. Die Kunden dieses Softwareanbieters könnten ein besonderes Bedürfnis nach Sicherheit und Problemfreiheit haben. Immerhin kostet es jede Menge Nerven und vor allem auch Geld, wenn im Zuge eines Fehlers in der Anlagensteuerung die Maschinen stillstehen. Unser Softwareanbieter hat sich daher „Service und Sicherheit“ auf die Fahnen geheftet und behautet von sich, sehr serviceorientiert zu sein. Wie könnte dieses Unternehmen das einem Kunden gegenüber beweisen?

Konkrete Angaben, Zahlen, Daten und Fakten

Was sich immer anbietet, ist, dafür konkrete Informationen zu nutzen.

Beispiele dafür sind:

- Zu unseren zufriedenen Kunden zählen BMW, Siemens, Lufthansa, etc.
- Wir sind seit 31 Jahren auf dem Markt.
- Gemessen an der Zahl der Installationen in Produktionsanlagen sind wir Weltmarktführer.
- In den abgelaufenen 12 Monaten haben wir im Durchschnitt 17 Minuten benötigt, um nach einer Fehlermeldung aktiv Kontakt mit unserem Kunden aufzunehmen.
- Im Durchschnitt der letzten 30 Tage lagen die durch ein Softwareproblem verursachten Stehzeiten bei den von uns betreuten Anlagen bei 0,11 Prozent der Gesamtzeit, das entspricht 1,6 Minuten.
- Unsere 73 weltweiten Experten stehen für Problembehebungen rund um die Uhr an 7 Tagen der Woche zur Verfügung.

Wenn Sie sich auf die Suche machen, bin ich sicher, Sie finden noch eine ganze Menge weiterer Fakten, um Ihre Aussagen zu unterstreichen. Je detaillierter die Fakten sind, desto glaubwürdiger sind diese. Wenn Sie das Ganze auch noch schriftlich darlegen können, umso besser.

Beispiele, Vergleiche und Mini-Stories

Doch Zahlen, Daten und Fakten haben auch einen gravierenden Nachteil: Sie lösen kaum bis keine Bilder und Vorstellungen in den Köpfen der Gesprächspartner und

Zielpersonen aus. Doch genau das wollen Sie: Bilder, die richtigen Bilder in die Köpfe der Menschen projizieren. Um das zu erreichen, können Sie mit folgenden Techniken arbeiten, die in den vorangegangenen Punkten zum Teil schon angeklungen sind:

- Bringen Sie konkrete Beispiele:
    - *„1 Stunde Reaktionszeit bedeutet konkret: Wenn Sie wie kürzlich einen softwarebedingten Stillstand in der Produktion haben und das um 3 Uhr morgens, uns das um 3:05 Uhr mitteilen, dann können Sie davon ausgehen, dass einer unserer Techniker um 4 Uhr bereits per Fernwartung in Ihrem System ist und an der Problembehebung arbeitet.“*
    - *„Letztens haben wir eine sehr vergleichbare Wohnung hier im Bezirk innerhalb von nur 3 Wochen für 410.000 Euro verkauft.“*
- Verwandeln Sie die Zahlen in bildhafte Vergleiche und Gegenüberstellungen:
    - Kindermilchschnitte – *„So wertvoll wie ein kleines Steak“* (auch dieses Stilmittel wird in der Werbung gerne verwendet)
    - *„Unsere Sicherheitsleute sind im Falle eines Alarms schneller vor Ort, als Sie brauchen, um sich einen frischen Kaffee zu brühen.“*
    - *„In einer Dose unseres Energy-Drinks ist so viel Koffein wie in 5 doppelten Espressi.“*

- Erzählen Sie (kleine) Geschichten:
    - *„Also, folgender Fall wird Sie interessieren: Kürzlich hat ein anderer Kunde dasselbe Modell gekauft und ...“* – Ist das nun ein Beispiel oder bereits eine kurze Geschichte? Die Antwort auf diese Frage ist irrelevant. Wichtig ist nur, dass möglichst Bilder in den Köpfen Ihrer Kunden entstehen.

Glaubwürdige Referenzaussagen

Wenn Verkäufer etwas Positives über ihr Angebot sagen, dann ist das nicht immer glaubwürdig. Schließlich muss das der Verkäufer ja tun. Daher sind positive Aussagen anderer oft sehr viel hilfreicher. Beispiele dafür sind:

- Kundenstatements, idealerweise mit Namen, Funktionsbezeichnung und Unternehmen der Referenz – und in gedruckten Unterlagen oder online wäre ein Foto auch hilfreich. Bei lokalem Bezug der Leistung oder des Produktes ist darüber hinaus die Nennung des Wohnortes hilfreich.

- Unbezahlte Aussagen von Medien (keine Werbung) können sehr viel bringen. Wie viel hängt natürlich auch vom Medium und dessen Seriosität und Glaubwürdigkeit ab.

- Testberichte, idealerweise von offiziell anerkannten und bekannten Prüfstellen (TÜV etc.)

Wenn Sie solche Referenzen haben, um Ihre Aussagen zu unterstützen und zu verstärken, dann sollten Sie diese unbedingt nutzen. Wenn nicht, dann beschaffen Sie sich welche.

Attraktive Garantien

Bei Garantien können Sie natürlich sehr kreativ sein. Je nachdem, was Sie sich zutrauen, ernsthaft zu garantieren. Garantien sind umso glaubwürdiger, je mehr diese einen (finanziellen) Nachteil für Sie bedeuten. Für unsere Softwarefirma könnten Garantien zum Beispiel lauten:

- *„Sollten Sie das Modell wann auch immer verkaufen wollen, finden Sie den garantierten Rücknahmepreis in dieser Liste.“*
- *„Sollte ein Eingreifen vor Ort nötig sein, dann garantieren wir, dass ein Techniker innerhalb von 1 Stunde bei Ihnen ist.“*
- *„Im Problemfall melden wir uns bei Ihnen telefonisch innerhalb von 60 Minuten. Für jede weitere Minute erhalten Sie 100 € gutgeschrieben.“*
- *„Wir garantieren die Problembehebung innerhalb von 24 Stunden ab Schadensmeldung, ansonsten bezahlen Sie 1 Monat lang keine Servicepauschale.“*
- *„Wir liefern die Pizza innerhalb von 20 Minuten oder Sie bezahlen nichts.“* – So oder so ähnlich das Versprechen von Dominos Pizza, einer US-amerikanischen Pizzakette, die damit reich und berühmt geworden ist.

Wenn Sie meinen sollten, dass diese Garantien bereits zu „extrem“ sind, dann sollten Sie sich die Garantie von „Bugs Burger Bug Killers“, einem amerikanischen Schädlingsbekämpfer ansehen:

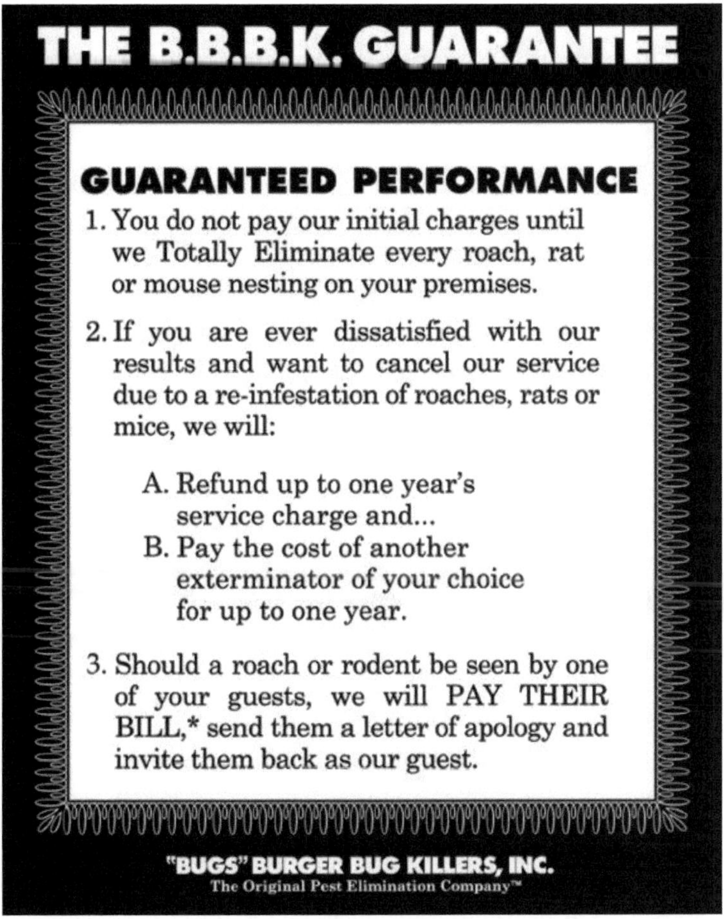

THE B.B.B.K. GUARANTEE

GUARANTEED PERFORMANCE

1. You do not pay our initial charges until we Totally Eliminate every roach, rat or mouse nesting on your premises.
2. If you are ever dissatisfied with our results and want to cancel our service due to a re-infestation of roaches, rats or mice, we will:
   A. Refund up to one year's service charge and...
   B. Pay the cost of another exterminator of your choice for up to one year.
3. Should a roach or rodent be seen by one of your guests, we will PAY THEIR BILL,* send them a letter of apology and invite them back as our guest.

"BUGS" BURGER BUG KILLERS, INC.
The Original Pest Elimination Company™

Wie kann sich das Unternehmen eine solche Garantie leisten? Sie müssen sehr gut sein in dem, was sie tun, und sie verlangen das Mehrfache der Konkurrenten für ihre Leistung.

Natürlich können Sie auch eine Mischung von Zahlen, Daten, Fakten, Referenzaussagen und Garantien einsetzen, um Ihre Nutzenargumente zu untermauern.

KUNDENNUTZEN – 5 HÄUFIGE FEHLER

Obwohl an manchen Stellen im Text bereits darauf hingewiesen wurde, finden Sie im nächsten Abschnitt nochmals die häufigsten Fehler in Bezug auf den Kundennutzen zusammengefasst.

Fehler #1 – Die ICH-Formulierung

Sehr oft werden Texte in der ICH- oder WIR-Form *(„Wir als Anbieter ...")* geschrieben. Dabei wird vergessen, dass es um den Kunden geht. ER soll durch das Nutzenargument angesprochen werden. Die WIR-Form – wenn damit der Kunde gemeinsam mit dem Anbieter gemeint ist (*„Gemeinsam schaffen wir das!"*) – ist für manche Aussagen und Sachverhalte in Ordnung.

Verwenden Sie am besten die SIE- oder DU-Form und adressieren Sie den Kundennutzen direkt an den Empfänger.

- *„SIE profitieren insofern davon, dass ..."*
- *„IHR Vorteil ist, dass ..."*
- *„Der Nutzen, den das Produkt für Sie bringt, ist ..."*

Fehler #2 – Zu abgedroschen

Manchmal sind Kundennutzenargumente zu „abgedroschen" formuliert und werden dadurch nicht mehr wahrgenommen bzw. sind nicht mehr glaubhaft. Wenn schon wieder eine Bank sagt: *„Bei uns ist Ihr Geld in sicheren Händen"*, dann holt das niemanden mehr hinter dem sprichwörtlichen Ofen hervor – wenngleich das Kundenbedürfnis Sicherheit in Bezug auf Finanzen natürlich ein sehr wichtiges Kaufmotiv ist. Hier sind die vorhin erwähnten Beweise nicht nur hilfreich, sondern unbedingt notwendig.

Seien Sie kreativ und verpacken Sie die Nutzenargumente in neuer, anderer Form – z. B. in Geschichten mit viel Emotion, wie vorhin erwähnt.

Fehler #3 – Unterstellungen und Suggestivfragen

Gerne werden Nutzenargumente auch mit Unterstellungen, meist Suggestivfragen, gekoppelt. *„Sie finden doch auch, dass dieses Auto in Punkto Sicherheit optimal für Sie ist?"*, hört man fallweise immer noch von sehr schlechten Verkäufern, zu denen es immer noch nicht durchgedrungen ist, dass das ein ganz schlechter Stil ist. Solche Fragen sind vor Gericht verboten und sollten auch im Verkauf und im Marketing nicht verwendet werden.

Diese Art, Kundennutzen zu formulieren, ist platt. Der Kunde durchschaut relativ leicht, dass ihm ein Nutzenargument untergejubelt werden soll, fühlt sich genötigt und blockiert. Dabei sind Fragen in Verbindung mit Kundennutzen-Formulierungen an sich eine gute Idee, vor allem im direkten Verkaufsgespräch.

- Kundennutzen-Beispiel:
  „Sie meinten ja, dass Sie oft als Redner auf großen Bühnen stehen und der Anzug daher etwas ganz Besonderes sein muss. Dieses Material in

Kombination mit dem besprochenen Schnitt wird den Zuhörern ein WOW entlocken. (Frage) – Ist das so in Ihrem Sinne (alternativ: Wie sehen Sie das)?"

Stellen Sie eine offene Frage (auch W-Frage genannt) oder auch geschlossene Frage nach dem Nutzenargument und lassen Sie den Kunden den Nutzen selbst bestätigen.

Fehler #4 – Produktmerkmale statt Kundennutzen

Sehr oft bleiben Anbieter bei den Produktmerkmalen hängen und sprechen bzw. schreiben nur über diese, statt daraus einen Produktnutzen und letztlich Kundennutzen zu entwickeln.

Die konsequente Umsetzung der 4-Schritte-Strategie zur Kundennutzen-Formulierung, die Sie in diesem Buch kennengelernt haben, hilft dabei, diesen Fehler zu vermeiden.

Fehler #5 – Der Köder schmeckt dem Angler statt dem Fisch

Dieser Fehler bei der Nutzenargumentation wird sehr früh im Verkaufsprozess bzw. Verkaufsgespräch gemacht – meist in der Bedarfsanalyse, vor allem dann, wenn diese nicht gemacht wird. Anstatt in dieser frühen Phase im Verkaufsgespräch die passenden Fragen zu stellen, um die individuellen Kundenbedürfnisse herauszufinden, wird einfach angenommen, dass der Kunde genau dasselbe wie der Verkäufer am Angebot toll findet.

Doch welche Bedürfnisse der Verkäufer hat bzw. welchen Kundennutzen er in dem Angebot sieht, ist nicht wichtig. Der Köder muss dem Fisch schmecken und nicht dem Angler. Denken Sie an die Kindersicherung.

ÜBERPRÜFEN SIE IHRE TEXTE

Nachdem sich auch bei mir immer wieder der eine oder andere Fehler bei Kundennutzen-Formulierungen einschleicht, kann ich nur empfehlen: Checken Sie Ihre Texte und Ihre Kommunikation auf allen Kanälen – im Marketing, aber auch im Verkauf. Ihre:

- Webseite,
- E-Mails (samt Signatur),
- Newsletter,
- Social-Media-Header und -Posts,
- Online-Produktbeschreibungen,
- Prospekte und Kataloge,
- schriftlichen Angebote,
- Verkaufspräsentationen,
- Firmenpräsentationen und
- Verkaufsgespräche

immer wieder mal auf Fehler bzw. Potenziale, was die Nutzenformulierung angeht. Aus eigener Erfahrung kann ich Ihnen versprechen: Sie werden fündig werden und Möglichkeiten zur Optimierung entdecken, wie Sie Ihren gesamten Außenauftritt noch kundenorientierter und überzeugender gestalten können.

ORIENTIERUNG AM KUNDENNUTZEN ALS GEWOHNHEIT

Sie haben nun alles an der Hand, was Sie benötigen, um Ihre Kommunikation im Marketing und vor allem auch in allen persönlichen Gesprächen mit Ihren Kunden an deren Nutzen auszurichten. Je mehr Sie sich damit beschäftigen und das Gelesene Schritt für Schritt in die Praxis umsetzen, desto besser werden Ihre Verkaufsergebnisse.

Doch nicht nur das. Wenn Sie in diese Materie eintauchen, werden Ihnen auch laufend Dinge auffallen – ja, sie förmlich anspringen –, die dieser Idee entgegenlaufen. Die Welt ist immer noch voll von schlechten Webseiten, die kein Wort an den Nutzen der Kunden verschwenden und von Verkäufern, die sich darauf beschränken, Ihr Angebot zu beschreiben.

Und wenn Ihnen solche Dinge immer öfter auffallen, dann ist das ein gutes Zeichen. Es bedeutet nämlich, dass die Idee dieses Buches für Sie zu einer Art Gewohnheit wird bzw. bereits geworden ist. Und das wird Ihnen nicht nur in Ihrem Business helfen. Auch alle anderen zwischenmenschlichen Interaktionen und Beziehungen profitieren davon, wenn man die Welt zumindest teilweise auch aus dem Blickpunkt des Gegenübers sieht. Wir würden alle davon profitieren, wenn wir uns mehr danach richten würden, andere öfter und besser zu verstehen, bevor wir unsere Energie allein darin legen, verstanden zu werden und unsere Botschaft zu kommunizieren. Und das definitiv nicht nur im Verkauf oder Marketing. Auf Basis des Ersten, des Verstehens, wird das Zweite, das Verstanden werden, wesentlich leichter und viel öfter gelingen.

Viel Erfolg dabei.

Ihr

ÜBER DEN AUTOR

Marketing- und Vertriebsexperte Roman Kmenta ist seit mehr als 30 Jahren als Unternehmer, Keynote-Speaker und Bestsellerautor international tätig. Der Betriebswirt und Serienunternehmer stellt seine langjährige, internationale Marketing- und Verkaufserfahrung im B2B- wie B2C-Bereich heute über 100 Top-Unternehmen sowie vielen Kleinunternehmen und Einzelunternehmern in Deutschland, der Schweiz und Österreich zur Verfügung.

Mehr als 100.000 Menschen lesen seinen wöchentlichen Blog, hören seinen Podcast oder konsumieren seine Social-Media-Inhalte. Mit seinen Vorträgen gibt er Verkäufern, Führungskräften und Unternehmern Denkanstöße zum Thema „profitables Wachstum“ und setzt bei seinen Zuhörern und Lesern Impulse in Richtung eines wertorientierten Verkaufs- und Marketingansatzes.

www.romankmenta.com

Foto: Sojka, Klosterneuburg

Das Verkaufsbuch als Roman – kurzweilig und Augen öffnend

Jochen verkauft Autos und ist mäßig erfolgreich dabei. Dann bekommt er einen neuen Chef und alles beginnt sich zu verändern. Nicht nur, dass mit dem Prozess, den dieser in Gang setzt, berufliche Grenzen weit jenseits dessen verschoben werden, was Jochen für möglich gehalten hätte. Diese Veränderungen stellen sein gesamtes Leben auf den Kopf. Und alles beginnt mit zwei kleinen Worten – „Be Cause".

NLP im Verkauf – Vom Profi zum Top Experten

Geschickt verpackt NLP Lehrtrainer und Autor Roman Kmenta Strategien und Techniken der Neurolinguistischen Programmierung in einen packenden, lebensnahen Roman, in der ein Verkäufer die Hauptrolle spielt. Metaprogramme, Spiegeln / Pacing, Augenbewegungsmuster, Rapport und eine

Reihe weiterer NLP-Konzepte, die für den Vertrieb relevant sind, sind mit der spannenden und kurzweiligen Story eng verwoben. Ein NLP-Buch, das unterhält und mit dem selbst Profis auf einem ganz neuen Niveau verkaufen lernen können.

Mit diesem Buch werden Sie

- ✓ lernen, Ihre Kunden und die Welt mit ganz neuen Augen zu betrachten
- ✓ eine Fülle von Dingen wahrnehmen, die Ihnen bisher vollkommen entgangen waren
- ✓ erfahren, was die wahrhaft entscheidenden Faktoren in Verkauf und Kommunikation sind
- ✓ lernen, Ihren Verkauf in eine ganz neue Dimension zu entwickeln
- ✓ Ihr Business massiv voranbringen und möglicherweise auch Ihr Leben verändern.

Seien Sie gespannt und lassen Sie sich überraschen.

Nie mehr sprachlos in Preisgesprächen

Zu teuer! – Hören Sie das immer wieder in Preisverhandlungen? Damit Sie in Preisgesprächen nie mehr sprachlos sind und immer die passende Antwort zur Einwandbehandlung parat haben, finden Sie in diesem Buch 118 Antworten auf Preiseinwände. Das Spektrum geht von frech bis überzeugend, von vernünftig und kalkuliert bis humorvoll ... in jedem Fall aber profitabel!

Mit diesem Buch werden Sie:

- in Preisverhandlungen immer die passende Antwort auf Einwände finden,
- neue Verhandlungstechniken und Methoden der Einwandbehandlung kennenlernen,
- lernen, psychologische Tipps und Strategien in der Preisverhandlung effektiv einzusetzen,

- Ihre Verhandlungsführung erfolgreicher machen,
- beim Preise verhandeln bessere Ergebnisse erzielen,
- mehr Spaß bei der Preisverhandlung haben.

Leserstimmen

- *„Von pragmatisch bis emotional, frech und vor allem für verschiedenste Branchen und Situationen umsetzbar."*
- *„Im Vertrieb geht es oft um Reframing und Wortgewandtheit. Man merkt, dass die lange Liste aus einem großen Erfahrungsschatz entstanden ist, der seinesgleichen sucht."*
- *„Top! – Ich habe schon viele teure Seminare besucht und viel weniger in der Praxis anwendbare Sprüche erhalten."*
- *„Frech, innovativ, mutig und selbstbewusst seinen Wert verkaufen!"*
- *„Selten so gelacht und so vieles wiedergefunden!"*

Hier bestellen >> www.romankmenta.com/shop

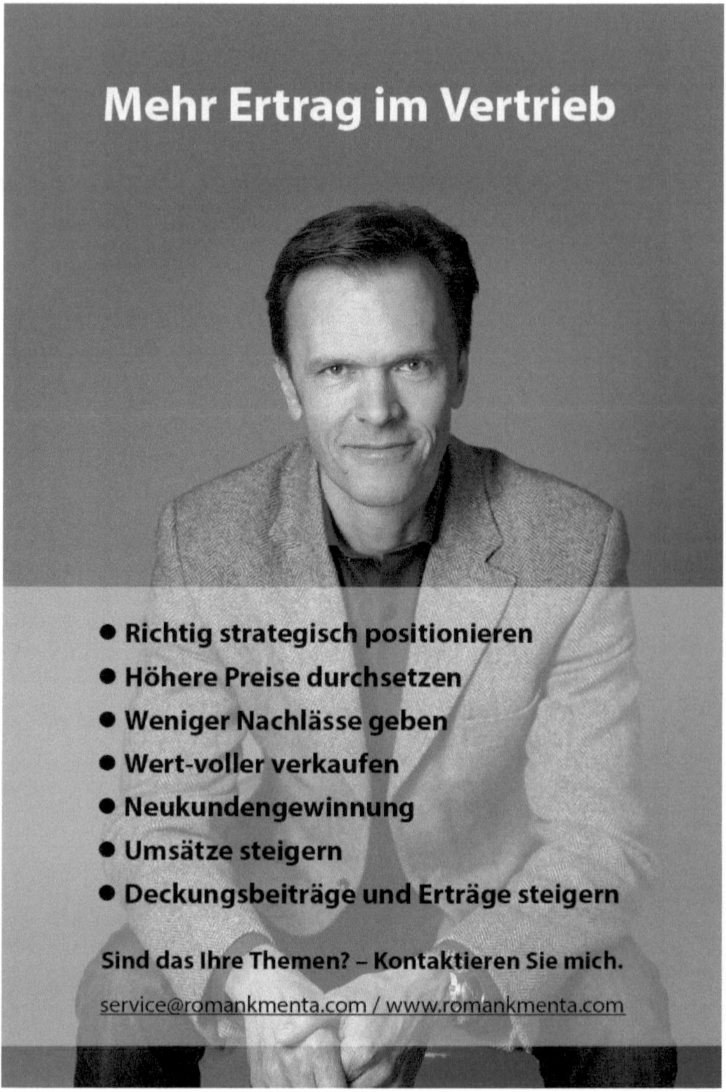
Mehr Ertrag im Vertrieb
• Richtig strategisch positionieren
• Höhere Preise durchsetzen
• Weniger Nachlässe geben
• Wert-voller verkaufen
• Neukundengewinnung
• Umsätze steigern
• Deckungsbeiträge und Erträge steigern
Sind das Ihre Themen? – Kontaktieren Sie mich.
service@romankmenta.com / www.romankmenta.com